ESTATUTO DO DESARMAMENTO

www.editorasaraiva.com.br/direito
Visite nossa página

Outros livros publicados pelo Autor

1) *Código de Processo Penal comentado*, 1. ed., Saraiva, 2016;
2) *Crimes ambientais*, 4. ed., Saraiva, 2017;
3) *Crimes contra a dignidade sexual*, 3. ed., Saraiva, 2018;
4) *Crimes contra a ordem tributária, econômica e relações de consumo*, 2. ed., Saraiva, 2018;
5) *Crimes de trânsito*, 6. ed., Saraiva, 2017;
6) *Curso de Execução Penal*, 18. ed., 2021;
7) *Curso de Processo Penal*, 7. ed., Saraiva, 2021;
8) *Execução penal – Coleção Saberes do Direito*, 1. ed., Saraiva, 2012;
9) *Lei de Drogas*, 12. ed., Saraiva, 2021;
10) *Lei de Execução Penal anotada*, 6. ed., Saraiva, 2017;
11) *Prisões cautelares*, 2. ed., Saraiva, 2012.

Renato Marcão

Advogado. Professor. Membro do Ministério Público do Estado de São Paulo aposentado. Doutorando em Ciências Jurídico-Criminais pela Universidade de Coimbra. Mestre em Direito Penal, Político e Econômico.

ESTATUTO DO DESARMAMENTO

Anotações e interpretação jurisprudencial da parte criminal da Lei n. 10.826/2003

5ª edição

Revista, ampliada e atualizada

De acordo com os Decretos n. 9.845, 9.846, 9.847 e 10.030 de 2019, e Decretos n. 10.627, 10.628, 10.629 e 10.630 de 2021

2021

saraiva jur

saraiva EDUCAÇÃO | saraiva jur

Av. Paulista, 901, 3º andar
Bela Vista – São Paulo – SP – CEP: 01311-100

SAC | sac.sets@saraivaeducacao.com.br

Diretoria executiva Flávia Alves Bravin
Diretoria editorial Renata Pascual Müller
Gerência editorial e de projetos Fernando Penteado
Planejamento Josiane de Araujo Rodrigues
Novos projetos Sérgio Lopes de Carvalho, Dalila Costa de Oliveira
Gerência editorial Isabella Sánchez de Souza
Edição Marisa Amaro dos Reis
Produção editorial Daniele Debora de Souza (coord.), Rosana Peroni Fazolari
Arte e digital Mônica Landi (coord.), Camilla Felix Cianelli Chaves, Claudirene de Moura Santos Silva, Deborah Mattos, Guilherme H. M. Salvador, Tiago Dela Rosa
Projetos e serviços editoriais Daniela Maria Chaves Carvalho, Kelli Priscila Pinto, Marília Cordeiro, Nicoly Wasconcelos Razuk
Diagramação Adriana Aguiar Santoro
Revisão Viviane Oshima
Capa Tiago Dela Rosa
Produção gráfica Marli Rampim, Sergio Luiz Pereira Lopes
Impressão e acabamento Edições Loyola

DADOS INTERNACIONAIS DE CATALOGAÇÃO NA PUBLICAÇÃO (CIP)
DE ACORDO COM ISBD
ELABORADO POR VAGNER RODOLFO DA SILVA - CRB-8/9410

M313e Marcão, Renato

Estatuto do desarmamento: Anotações e interpretação jurisprudencial da parte criminal da Lei n. 10.826/2003 / Renato Marcão. – 5. ed. – São Paulo : Saraiva Educação, 2021.

168 p.

ISBN: 978-65-5559-819-3

1. Direito. 2. Estatuto do desarmamento. I. Título.

2021-1327 CDD 340
CDU 34

Índices para catálogo sistemático:

1. Direito 340
2. Direito 34

Data de fechamento da edição: 14-5-2021

Dúvidas? Acesse www.editorasaraiva.com.br/direito

CL 607141 CAE 773012

Abreviaturas

AC — Acórdão
ADI — Ação Direta de Inconstitucionalidade
AE — Agravo em Execução
Ag. — Agravo
AgRg em Pet — Agravo Regimental em Petição
AI — Agravo de Instrumento
AMB — Associação dos Magistrados Brasileiros
Ap. — Apelação
ApCrim — Apelação Criminal
APn — Ação Penal
art.(s.) — artigo(s)
BMJ — *Boletim Mensal de Jurisprudência*
Boletim IBCCrim — *Boletim do Instituto Brasileiro de Ciências Criminais*
C. — Colendo
Câm. — Câmara
Câm. Crim. Extr. — Câmara Criminal Extraordinária
Câm. Esp. — Câmara Especial
Câm. Esp. Crim. — Câmara Especial Criminal
Caocrim. — Centro de Apoio Operacional Criminal
CComp — Conflito de Competência
CCrim — Câmara Criminal
CEAF — Centro de Estudos e Aperfeiçoamento Funcional
CF — Constituição Federal
CGJ-SP — Corregedoria Geral de Justiça de São Paulo
CJ — Conflito de Jurisdição
CNComp — Conflito Negativo de Competência
CP — Código Penal
CPar — Correição Parcial
CPP — Código de Processo Penal
CT — Carta Testemunhável

Dec. — Decreto
Des.(a.) — Desembargador(a)
DJ — *Diário da Justiça*
DJU — *Diário da Justiça da União*
DO — *Diário Oficial*
DOE — *Diário Oficial do Estado*
DOESP — *Diário Oficial do Estado de São Paulo*
DOMG — *Diário Oficial de Minas Gerais*
DORJ — *Diário Oficial do Rio de Janeiro*
DOU — *Diário Oficial da União*
Dr. — Doutor
ECA — Estatuto da Criança e do Adolescente
EDecl — Embargos de Declaração
EDiv — Embargos de Divergência
EI — Exceção de Incompetência
EInfrs. — Embargos Infringentes
ENInfrs. — Embargos de Nulidade e Infringentes
Gr. Câm. — Grupo de Câmaras
Gr. Câm. Crim. — Grupo de Câmaras Criminais
HC — *Habeas Corpus*
IBCCrim — Instituto Brasileiro de Ciências Criminais
inc.(s.) — inciso(s)
Inq. — Inquérito
IP — Inquérito Policial
j. — julgado
JC — *Jurisprudência Catarinense*
JM — *Jurisprudência Mineira*
JSTF — *Julgados do Supremo Tribunal Federal*
JSTJ — *Jurisprudência do Superior Tribunal de Justiça*
JTACrimSP/JUTACrimSP — *Julgados do Tribunal de Alçada Criminal de São Paulo*
JTACrSP — *Jurisprudência do Tribunal de Alçada Criminal de São Paulo*
JTACSP — *Jurisprudência do Tribunal de Alçada Civil de São Paulo*
JTAMG — *Julgados do Tribunal de Alçada de Minas Gerais*
JTARS — *Julgados do Tribunal de Alçada do Rio Grande do Sul*
JTASP — *Julgados do Tribunal de Alçada de São Paulo*
JTFR — *Julgados do Tribunal Federal de Recursos*
JTJ — *Jurisprudência do Tribunal de Justiça*
JTRF — *Jurisprudência do Tribunal Regional Federal*
Julgados — *Julgados do Tribunal de Alçada Criminal de São Paulo*

LCP — Lei das Contravenções Penais
LEP — Lei de Execução Penal
LICC — Lei de Introdução ao Código Civil
LICPP — Lei de Introdução ao Código de Processo Penal
LINDB — Lei de Introdução às Normas do Direito Brasileiro
LOMN — Lei Orgânica da Magistratura Nacional
LONMP — Lei Orgânica Nacional do Ministério Público
LSN — Lei de Segurança Nacional
Ltda. — Limitada
m.v. — maioria de votos
Min. — Ministro
MP — Ministério Público
MS — Mandado de Segurança
n. — número
OAB — Ordem dos Advogados do Brasil
p. — página
Pet. — Petição
Pet. RHC — Petição em Recurso em *Habeas Corpus*
Prof. — Professor
RAg — Recurso de Agravo
RAgCrim — Recurso de Agravo Criminal
RAp. — Recurso em Apelação
RBCCrim — *Revista Brasileira de Ciências Criminais*
RCNPCP — *Revista do Conselho Nacional de Política Criminal e Penitenciária*
RCrim — Recurso Criminal
RE — Recurso Extraordinário
Rec. — Recurso
RECrim — Recurso Extraordinário Criminal
Reg. — Regimento
rel.(a.) — relator(a)
Rep. — Representação
REPM — *Revista da Escola Paulista da Magistratura*
Res. Normativa — Resolução Normativa
REsp — Recurso Especial
Rev. — Revisão
RevCrim — Revisão Criminal
Revista AJURIS — *Revista da Associação dos Juízes do Rio Grande do Sul*
Revista APMP — *Revista da Associação Paulista do Ministério Público*

RF — *Revista Forense*
RG — Registro Geral
RHC — Recurso em *Habeas Corpus*
RI — Regimento Interno
RJ — *Revista Jurídica*
RJDTACrimSP — *Revista de Jurisprudência e Doutrina do Tribunal de Alçada Criminal de São Paulo*
RJTAMG — *Revista de Julgados do Tribunal de Alçada de Minas Gerais*
RJTJESP — *Revista de Jurisprudência do Tribunal de Justiça do Estado de São Paulo*
RMS — Recurso em Mandado de Segurança
RO — Recurso de Ofício
ROHC — Recurso Ordinário em *Habeas Corpus*
ROMS — Recurso Ordinário em Mandado de Segurança
RSE — Recurso em Sentido Estrito
RSent — Reexame de Sentença
RSTJ — Recurso do Superior Tribunal de Justiça
RT — *Revista dos Tribunais*
RTJ — *Revista Trimestral de Jurisprudência*
RTJE — *Revista Trimestral de Jurisprudência dos Estados*
RTJRS — *Revista Trimestral de Jurisprudência do Rio Grande do Sul*
S. — Seção
S. Crim. — Seção Criminal
STF — Supremo Tribunal Federal
STJ — Superior Tribunal de Justiça
T. — Turma
TA — Tribunal de Alçada
TACrimMG — Tribunal de Alçada Criminal de Minas Gerais
TACrimSP — Tribunal de Alçada Criminal de São Paulo
TAMG — Tribunal de Alçada de Minas Gerais
TAPR — Tribunal de Alçada do Paraná
TARJ — Tribunal de Alçada do Rio de Janeiro
TARS — Tribunal de Alçada do Rio Grande do Sul
TASC — Tribunal de Alçada de Santa Catarina
TASP — Tribunal de Alçada de São Paulo
TCrim. — Turma Criminal
TEsp — Tribunal Especial
TFR — Tribunal Federal de Recursos
TJ — Tribunal de Justiça

TJAC — Tribunal de Justiça do Acre
TJAL — Tribunal de Justiça de Alagoas
TJAP — Tribunal de Justiça do Amapá
TJBA — Tribunal de Justiça da Bahia
TJCE — Tribunal de Justiça do Ceará
TJDF — Tribunal de Justiça do Distrito Federal
TJES — Tribunal de Justiça do Espírito Santo
TJGO — Tribunal de Justiça de Goiás
TJMA — Tribunal de Justiça do Maranhão
TJMG — Tribunal de Justiça de Minas Gerais
TJMS — Tribunal de Justiça do Mato Grosso do Sul
TJMT — Tribunal de Justiça de Mato Grosso
TJPA — Tribunal de Justiça do Pará
TJPB — Tribunal de Justiça da Paraíba
TJPE — Tribunal de Justiça de Pernambuco
TJPR — Tribunal de Justiça do Paraná
TJRJ — Tribunal de Justiça do Rio de Janeiro
TJRN — Tribunal de Justiça do Rio Grande do Norte
TJRO — Tribunal de Justiça de Rondônia
TJRR — Tribunal de Justiça de Roraima
TJRS — Tribunal de Justiça do Rio Grande do Sul
TJSC — Tribunal de Justiça de Santa Catarina
TJSE — Tribunal de Justiça de Sergipe
TJSP — Tribunal de Justiça de São Paulo
TP — Tribunal Pleno
TRF — Tribunal Regional Federal
v. — volume
v.g. — *verbi gratia*
VEP — Vara das Execuções Penais

Índice

Lei n. 10.826,
*de **22** de dezembro de **2003***

Estatuto do Desarmamento

Lei n. 10.826, de 22 de dezembro de 2003

Capítulo IV
Dos Crimes e das Penas

Posse Irregular de Arma de Fogo de Uso Permitido

Art. 12. *Possuir ou manter sob sua guarda arma de fogo, acessório ou munição, de uso permitido, em desacordo com determinação legal ou regulamentar, no interior de sua residência ou dependência desta, ou, ainda no seu local de trabalho, desde que seja o titular ou o responsável legal do estabelecimento ou empresa:*

Pena *— detenção, de 1 (um) a 3 (três) anos, e multa.*

➥ Decreto n. 9.845, de 25 de junho de 2019

Regulamenta a Lei n. 10.826/2003, para dispor sobre a aquisição, o cadastro, o registro e a posse de armas de fogo e de munição.

➥ Decreto n. 9.846, de 25 de junho de 2019

Regulamenta a Lei n. 10.826/2003, para dispor sobre o registro, o cadastro e a aquisição de armas e de munições por caçadores, colecionadores e atiradores.

➥ Decreto n. 9.847, de 25 de junho de 2019

Regulamenta a Lei n. 10.826/2003, para dispor sobre a aquisição, o cadastro, o registro, o porte e a comercialização de armas de fogo e de munição e sobre o Sistema Nacional de Armas e o Sistema de Gerenciamento Militar de Armas.

➥ Decreto n. 10.030, de 30 de setembro de 2019

Aprova o Regulamento de Produtos Controlados.

➥ Requisitos legais para adquirir arma de fogo de uso permitido

Ver o art. 4º, I, II e III, da Lei n. 10.826/2003, e o art. 3º do Decreto n. 9.845/2019.

Sobre a possibilidade de dispensa das exigências constantes do inciso III do *caput* do art. 4º, verificar o § 8º do mesmo artigo.

Nos precisos termos do art. 28 da Lei n. 10.826/2003, "é vedado ao menor de 25 (vinte e cinco) anos adquirir arma de fogo, ressalvados os integrantes das entidades constantes dos incisos I, II, III, V, VI, VII e X do *caput* do art. 6º desta Lei".

➥ Registro de arma

Registro é a matrícula da arma de fogo vinculada à identificação do respectivo proprietário em banco de dados (art. 3º, parágrafo único, X, do Anexo I do Decreto n. 10.030/2019).

➥ Validade do registro em todo o território nacional

Diz o art. 4º, *caput*, do Decreto n. 9.845/2019, que o Certificado de Registro de Arma de Fogo, expedido pela Polícia Federal, precedido de cadastro no SINARM, tem validade no território nacional e autoriza o proprietário a manter a arma de fogo exclusivamente no interior de sua residência ou nas dependências desta, ou, ainda, de seu local de trabalho, desde que seja ele o titular ou o responsável legal pelo estabelecimento ou pela empresa.

Conforme seu § 1º, para fins do disposto no *caput*, considera-se:

I — interior da residência ou dependências desta — toda a extensão da área particular do imóvel, edificada ou não, em que resida o titular do registro, inclusive quando se tratar de imóvel rural;

II — interior do local de trabalho — toda a extensão da área particular do imóvel, edificada ou não, em que esteja instalada a pessoa jurídica, registrada como sua sede ou filial;

III — titular do estabelecimento ou da empresa — aquele assim definido no contrato social; e

IV — responsável legal pelo estabelecimento ou pela empresa — aquele designado em contrato individual de trabalho, com poderes de gerência.

➥ Comercialização de arma de fogo, acessório ou munição entre particulares

É imprescindível autorização do SINARM.

Ver o art. 4º, § 5º, da Lei n. 10.826/2003.

➥ Extravio, furto, roubo e recuperação da arma de fogo

O proprietário tem o dever de comunicar, imediatamente, à polícia judiciária e ao SINARM.

Ver o art. 6º do Decreto n. 9.845/2019.

➥ Falecimento ou interdição do proprietário da arma de fogo

Consultar o art. 47 do Decreto n. 9.847/2019.

"Aplicação do art. 1.784 do Código Civil, cujo domínio e posse da herança se transmitem a partir da data da abertura da sucessão aos herdeiros legítimos e testamentários, ou seja, direitos e deveres são agora dos sucessores, incumbindo a quem recebeu os artefatos o registro" (TJSP, RSE 1.069.704-3/0, 9ª CCrim, rel. Des. Carlos de Santis, j. 29-10-2007, *Boletim de Jurisprudência do TJSP*, n. 137).

➥ Crime de porte ilegal de arma de fogo de uso permitido

Ver o art. 14 da Lei n. 10.826/2003.

➥ Crime de posse ou porte ilegal de arma de fogo de uso restrito ou proibido

Ver o art. 16 da Lei n. 10.826/2003.

➥ Definição de interior de residência ou local de trabalho

Nos precisos termos do art. 4º, § 1º, I e II, do Decreto n. 9.845/2019, considera-se (I) interior da residência ou dependências desta, toda a extensão da área particular do imóvel, edificada ou não, em que resida o titular do registro, inclusive quando se tratar de imóvel rural, e (II) interior do local de trabalho, toda a extensão da área particular do imóvel, edificada ou não, em que esteja instalada a pessoa jurídica, registrada como sua sede ou filial.

➥ Autorização para manter arma de fogo em residência ou local de trabalho

Dispõe o art. 5º, *caput*, da Lei n. 10.826/2003: "O certificado de Registro de Arma de Fogo, com validade em todo o território nacional, autoriza o seu proprietário a manter a arma de fogo exclusivamente no interior de sua residência ou domicílio, ou dependência desses, ou, ainda, no seu local de trabalho, desde que seja ele o titular ou o responsável legal pelo estabelecimento ou empresa".

➥ Residência em área rural

A Lei n. 13.870/2019 acrescentou ao art. 5º da Lei n. 10.826/2003 o seu atual § 5º, que assim dispõe: "Aos residentes em área rural, para os fins do disposto no *caput* deste artigo, considera-se residência ou domicílio toda a extensão do respectivo imóvel rural".

➥ Mudança de residência e necessidade de transporte da arma

É preciso obter guia de trânsito junto à Polícia Federal.

Sobre a matéria, consultar o art. 4º, § 5º, do Decreto n. 9.845/2019.

➥ Classificação

Crime comum, doloso, formal, de mera conduta, de perigo abstrato e permanente.

"A jurisprudência deste Superior Tribunal de Justiça aponta que os crimes previstos nos arts. 12, 14 e 16 da Lei n. 10.826/2003 são de perigo abstrato, sendo desnecessário perquirir sobre a lesividade concreta da conduta, porquanto o objeto jurídico tutelado não é a incolumidade física e sim a segurança pública e a paz social, colocadas em risco" (STJ, AgRg no REsp 1.872.425/SC, 5ª T., rel. Min. Ribeiro Dantas, j. 6-10-2020, *DJe* de 16-10-2020).

No mesmo sentido: STJ, EREsp 1.835.920/SC, 3ª S., rel. Min. Joel Ilan Paciornik, j. 9-12-2020, *DJe* de 14-12-2020; STJ, AgRg nos EAREsp 1.027.337/MT, 3ª S., Maria Thereza de Assis Moura, j. 24-5-2017, *DJe* de 30-5-2017; STJ, HC 589.871/MS, 5ª T., rel. Min. Ribeiro Dantas, j. 25-8-2020, *DJe* de 3-9-2020.

➥ Norma penal em branco

O art. 12 da Lei n. 10.826/2003 constitui norma penal em branco.

Sua eficácia está condicionada à existência de outras espécies normativas, dependendo basicamente dos Decretos n. 9.845 e 10.030, ambos de 2019.

"Foi BINDING quem pela primeira vez usou a expressão 'lei em branco' para batizar aquelas leis penais que contêm a *sanctio juris* determinada, porém o preceito a que se liga essa consequência jurídica do crime não é formulado senão como proibição genérica, devendo ser completado por outra lei (em sentido amplo)" (DAMÁSIO E. DE JESUS, *Direito penal*, 26. ed., São Paulo, Saraiva, 2003, v. 1, p. 121).

➥ Objeto jurídico da tutela penal

O bem jurídico tutelado é a incolumidade pública; a segurança coletiva, um dos direitos fundamentais previstos expressamente no art. 5º, *caput*, da CF.

Visa à preservação da vida e da integridade física das pessoas. *No mesmo sentido*: RENATO BRASILEIRO DE LIMA, *Legislação criminal especial comentada*, 9. ed., Salvador, JusPodivm, 2021, p. 424/425.

➥ Sujeito ativo

Trata-se de crime comum, que não exige determinada qualidade especial do agente, e, sendo assim, qualquer pessoa pode praticar as condutas previstas no art. 12 da Lei n. 10.826/2003.

Há uma ressalva. Quando a lei tipifica a conduta de possuir ou manter sob guarda arma de fogo, acessório ou munição, de uso permitido, em desacordo com determinação legal ou regulamentar, *no seu local de trabalho, desde que seja o titular ou o responsável legal do estabelecimento ou empresa*, cuida de crime próprio, que somente poderá ser praticado por quem seja o titular ou responsável legal do estabelecimento ou empresa.

Se aquele que possui ou mantém arma de fogo, acessório ou munição no local de trabalho em desacordo com determinação legal ou regulamentar não for *o titular ou o responsável legal do estabelecimento ou empresa*, o crime será o de *porte* de arma de fogo, previsto no art. 14 da Lei n. 10.823/2003 (em se tratando de arma de uso permitido), e não o de *posse irregular*.

Se o *titular ou o responsável legal do estabelecimento ou empresa* estiver *portando* a arma, ainda que nas dependências do estabelecimento, presentes as elementares, responderá pelo crime de porte de arma de fogo.

➥ Sujeito passivo

Trata-se de crime vago, em que o sujeito passivo é a coletividade, assim compreendida a generalidade humana.

No mesmo sentido: STJ, CComp 55.362/SP, rel. Min. Laurita Vaz, j. 1º-6-2006, *DJ* de 14-6-2006.

Para Roberto Delmanto, Roberto Delmanto Junior e Fabio M. de Almeida Delmanto, sujeito passivo é: "O Estado, notadamente a União, em sua política de controle federal dos armamentos em nosso País, bem como a coletividade que sofre com a violência causada pelas armas de fogo" (*Leis penais especiais comentadas*, 3. ed., São Paulo, Saraiva, 2018, p. 780).

Apontar a União como sujeito passivo, todavia, acarreta repercussões no plano competencial, conforme decorre do art. 109, IV, da CF.

➥ Elemento subjetivo do tipo

É o dolo, que não se presume. Basta o dolo genérico.

Não há forma culposa.

Para a configuração do crime é suficiente que o agente possua ou mantenha sob sua guarda arma de fogo, acessório ou munição, de uso permitido, em desacordo com determinação legal ou regulamentar, no interior de sua residência ou dependência desta, ou, ainda, no seu local de trabalho, desde que seja o titular ou o responsável legal do estabelecimento ou empresa.

"Tratando-se de crime de mera conduta, o crime previsto no art. 12 da Lei n. 10.826/2003 se perfaz tão somente com o ato de possuir, sem autorização e em desacordo com a determinação legal e regulamentar, munição de uso permitido, sendo irrelevante a utilização que seria futura e eventualmente dada pelo agente à munição por ele guardada" (TJMG, Ap. 1.0024.05.889903-0/001, 1ª CCrim, rel. Des. Gudesteu Birer, j. 13-6-2006).

"A simples posse e manutenção de armas de fogo, sem os necessários porte e registro dos artefatos, são circunstâncias suficientes para a caracterização do crime, pouco importando se a finalidade das armas era apenas decorativa e de que algumas delas não pertenciam ao agente" (TJSP, Ap. 278.781-3/8-00, 3ª CCrim, rel. Des. Walter Guilherme, j. 26-10-1999, *RT* 774/577).

No mesmo sentido: EDUARDO CABETTE e FRANCISCO SANNINI, *Tratado de legislação especial criminal*, 2. ed., São Paulo, Mizuno, 2021, p. 58; FERNANDO CAPEZ, *Estatuto do Desarmamento*, 4. ed., São Paulo, Saraiva, 2006, p. 72.

➥ Tipo objetivo

É possível praticar o crime de posse irregular de arma de fogo, acessório ou munição de uso permitido, consoante o art. 12 da Lei n. 10.826/2003, mediante a realização de um dos 2 (dois) verbos descritos na norma penal incriminadora, quais sejam: 1) *possuir*, ou 2) *manter* (sob guarda).

Possuir significa ter em seu poder, à disposição, em condições de fruição. Para possuir não é preciso que o agente seja o proprietário da arma, acessório ou munição. Basta possuir, a qualquer título, ainda que por breve período. É preciso não confundir o conceito de *possuir* com o de *portar*.

Manter sob guarda é o mesmo que ter sob seu cuidado ou vigilância, porém, em nome de terceiro. Configura-se a hipótese quando o agente mantém a arma, acessório ou munição no interior de sua residência ou de dependência dela, ou ainda no seu local de trabalho, desde que seja o titular ou o responsável legal do estabelecimento ou empresa.

Para configurar o crime não é preciso que o agente esteja presente no local no momento da localização e apreensão da arma, do acessório ou da munição.

O art. 12 refere-se à posse ou guarda irregular de arma de fogo, acessório ou munição, de uso permitido, em ambiente familiar ou de trabalho sob a responsabilidade do agente. Não é ocioso enfatizar que o crime só estará configurado se o agente *possuir* ou estiver *mantendo sob guarda* a arma, acessório ou munição, no interior de *sua residência ou de dependência desta* (seja proprietário ou não do imóvel; seja ou não o "chefe da família" residente no local), ou, ainda, no seu local de trabalho, desde que seja o titular ou o responsável legal do estabelecimento ou empresa.

Quando a lei se refere ao *local de trabalho*, *estabelecimento* ou *empresa*, imprime a ideia de local fixo, de um imóvel, e tais conceitos devem ser interpretados restritivamente, buscando a exata finalidade da lei. Diante de tal realidade, a regra não alcança, por exemplo, o vendedor ambulante, motorista profissional ou o viajante que, ainda que "em seu local de trabalho" (automóvel, caminhão etc.), possua ou mantenha sob guarda arma de fogo, acessório ou munição, quando a realidade fática indicar o crime de *porte* ilegal.

Diz o art. 4º, § 1º, do Decreto n. 9.845/2019, que considera-se: I — interior da residência ou dependências desta — toda a extensão da área particular do imóvel, edificada ou não, em que resida o titular do registro, inclusive quando se tratar de imóvel rural; II — interior do local de trabalho — toda a extensão da área particular do imóvel, edificada ou não, em que esteja instalada a pessoa jurídica, registrada como sua sede ou filial; III — titular do estabelecimento ou da empresa — aquele assim definido no contrato social; e IV — responsável legal pelo estabelecimento ou pela empresa — aquele designado em contrato individual de trabalho, com poderes de gerência.

➥ Registro vencido

A posse de arma de fogo com registro vencido não configura o delito tipificado no art. 12 da Lei n. 10.826/2003, mas mera irregularidade passível de sancionamento nos limites da esfera administrativa.

"Os objetos jurídicos dos tipos previstos nos arts. 12 (guarda de arma de uso permitido em residência) e 16 (posse de munição de uso restrito) da Lei n. 10.826/2003 — Estatuto do Desarmamento — são a Administração Pública e, reflexamente, a segurança, incolumidade e paz pública (crime de perigo abstrato). No primeiro caso, para se exercer controle rigoroso do trânsito de armas e permitir a atribuição de responsabilidade pelo artefato; no segundo, para evitar a existência de armas irregulares circulando livremente em mãos impróprias, colocando em risco a população. Se o agente já procedeu ao registro da arma, a expiração do prazo é mera irregularidade administrativa que autoriza a apreensão do artefato e aplicação de multa. A conduta, no entanto, não caracteriza ilícito penal" (STJ, APn 686/AP, Corte Especial, rel. Min. João Otávio de Noronha, j. 21-10-2015, *DJe* de 29-10-2015).

"Em recente acórdão da Corte Especial do Superior Tribunal de Justiça, no julgamento da Ação Penal n. 686/AP, assentou-se que 'se o agente já procedeu ao registro da arma, a expiração do prazo é mera irregularidade administrativa que autoriza a apreensão do artefato e aplicação de multa. A conduta, no entanto, não caracteriza ilícito penal'. Recurso Ordinário em *habeas corpus* provido para trancar a Ação Penal n. 3135-8/2014" (STJ, RHC 60.739/MG, 5ª T., rel. Min. Reynaldo Soares da Fonseca, j. 27-9-2016, *DJe* de 5-10-2016).

"No caso, o réu foi denunciado por possuir arma de fogo de uso permitido, consistente em revólver da marca Taurus, calibre 38, em desacordo com determinação legal ou regulamentar, pois o registro do referido artefato se encontrava vencido. Sobreveio sentença condenatória nos autos, contra a qual a defesa interpôs apelação, sem êxito. No julgamento da Ação Penal n. 686/AP, a Corte Especial deste Superior Tribunal de Justiça, alterando o seu entendimento anterior sobre a matéria, reconheceu a atipicidade da conduta imputada ao réu, denunciado como incurso nas sanções do art. 12 da Lei n. 10.826/2003, ressaltando que ele já havia procedido ao registro da arma e que a expiração do prazo constitui mera irregularidade administrativa, que enseja apenas a apreensão do artefato e a aplicação de multa, sem que reste caracterizada a prática de ilícito penal. Assim, considerando que o feito ora em exame versa sobre hipótese idêntica ao objeto do referido julgado, deve ser reconhecida, de igual modo, a atipicidade da conduta. Precedentes. *Writ* não conhecido. Ordem concedida, de ofício, a fim de absolver o paciente quanto à prática do delito previsto no art. 12 da Lei n. 10.826/2003" (STJ, HC 587.834/SP, 5ª T., rel. Min. Ribeiro Dantas, j. 18-8-2020, *DJe* de 24-8-2020).

➥ Posse *versus* porte

Posse e *porte* são condutas inconfundíveis, absolutamente distintas, estando bem delineadas na Lei n. 10.826/2003.

"Não se pode confundir a posse de arma de fogo com o porte de arma de fogo. Segundo o Estatuto do Desarmamento, a posse consiste em manter no interior de residência (ou dependência desta), ou no local de trabalho a arma de fogo, enquanto o porte, por sua vez, pressupõe que a arma de fogo esteja fora da residência ou do local de trabalho" (STJ, HC 48.710/RJ, 5ª T., rel. Min. Laurita Vaz, j. 23-5-2006, *DJ* de 19-6-2006, p. 159).

No mesmo sentido: STJ, ROHC 18.630/SP, 5ª T., rel. Min. Felix Fischer, j. 4-4-2006, *DJU* de 15-5-2006, p. 243; STJ, ROHC 18.268/SP, 5ª T., rel. Min. Laurita Vaz, j. 11-4-2006, *DJU* de 8-5-2006, p. 240, *RT* 851/482; STJ, RHC 19.757, 5ª T., rel. Min. Laurita Vaz, j. 10-10-2006, *DJU* de 13-11-2006, p. 274.

➥ Arma de fogo

No glossário constante do Anexo III do Decreto n. 10.030/2019 encontramos a seguinte definição de arma de fogo: "Arma que arremessa projéteis empregando a força expansiva dos gases, gerados pela combustão de um propelente confinado em uma câmara, normalmente solidária a um cano, que tem a função de dar continuidade à combustão do propelente, além de direção e estabilidade ao projétil".

Somente arma de fogo em sentido próprio é que se presta à configuração do crime em análise. Arma imprópria, jamais.

➥ Arma de fogo de uso permitido

O art. 3º, parágrafo único, I, do Anexo I do Decreto n. 10.030/2019, define como arma de fogo de uso permitido as armas de fogo semiautomáticas ou de repetição que sejam: a) de porte, cujo calibre nominal, com a utilização de munição comum, não atinja, na saída do cano de prova, energia cinética superior a mil e duzentas libras-pé ou mil seiscentos e vinte joules; b) portáteis de alma lisa; ou c) portáteis de alma raiada, cujo calibre nominal, com a utilização de munição comum, não atinja, na saída do cano de prova, energia cinética superior a mil e duzentas libras-pé ou mil seiscentos e vinte joules.

➥ Acessório de arma de fogo

O glossário constante do Anexo III do Decreto n. 10.030/2019 considera acessório de arma de fogo os artefatos listados nominalmente na legislação como Produto Controlado pelo Exército — PCE que, acoplados a uma arma, possibilitam a alteração da configuração normal do armamento, tal como um supressor de som.

O mesmo glossário define carregador como depósito ou receptáculo para armazenamento de cartuchos de munição para disparo em armas de fogo, integrante ou destacável do armamento.

➥ Munição

Entende-se por munição o cartucho completo ou seus componentes, incluídos o estojo, a espoleta, a carga propulsora, o projétil e a bucha utilizados em armas de fogo.

Esta definição se encontrava no art. 2º, X, do Decreto n. 9.845/2019, que foi expressamente revogado pelo art. 2º do Decreto n. 10.628/2021, mas não encontramos óbice a que seja adotada.

Muito embora o atual art. 3º do Decreto n. 10.030/2019 forneça as definições de munição de uso restrito e de munição de uso proibido, é certo que não define munição especificamente.

➥ Produtos controlados de uso permitido

O glossário constante do Anexo III do Decreto n. 10.030/2019 define PEC (Produto Controlado pelo Exército) de uso permitido como produto controlado listado nominalmente na legislação como PCE cujo acesso e utilização podem ser autorizados para as pessoas em geral, observada a classificação elaborada pelo Comando do Exército, prevista nos decretos regulamentadores da Lei n. 10.826/2003.

Nos precisos termos do § 3º do art. 15 do Anexo I do Decreto n. 10.030/2019, são produtos controlados de uso permitido os PCE (Produtos Controlados pelo Exército) não relacionados em seus §§ 1º e 2º.

➥ Aquisição de munição

A aquisição de munição somente poderá ser feita no calibre correspondente à arma registrada e na quantidade estabelecida no regulamento da Lei n. 10.826/2003, conforme dispõe seu art. 4º, § 2º.

➥ Portaria Interministerial n. 1.634/GM-MD, de 22 de abril de 2020

Estabelece os quantitativos máximos de munições passíveis de aquisição pelos integrantes dos órgãos e instituições previstos nos incisos I a VII e X do *caput* art. 6º da Lei n. 10.826/2003, e pelas pessoas físicas autorizadas a adquirir ou portar arma de fogo, e pelos demais agentes autorizados por legislação especial a portar arma de fogo.

➥ Elemento normativo do tipo

Em qualquer das modalidades típicas previstas (possuir ou manter sob guarda) é necessário observar o elemento normativo do tipo, pois a configuração do ilícito exige, em complemento, que a conduta tenha sido praticada *em desacordo com determinação legal ou regulamentar*.

Se o agente possui ou mantém arma de fogo, acessório ou munição, de uso permitido, em um dos locais indicados no tipo penal, agindo *de acordo* com determinação legal ou regulamentar, a conduta é atípica.

➥ Consumação

Com a prática efetiva de qualquer das condutas previstas.

Possuir ou manter sob guarda revelam condutas que se ajustam à hipótese de crime permanente.

Nos termos do art. 303 do CPP, "nas infrações permanentes, entende-se o agente em flagrante delito enquanto não cessar a permanência".

Possuindo ou mantendo arma de fogo, acessório ou munição, de uso permitido, *em desacordo com determinação legal ou regulamentar*, no interior de sua residência ou dependência desta, ou, ainda, no seu local de trabalho, desde que seja o titular ou o responsável legal do estabelecimento ou empresa, o agente poderá ser preso em flagrante a qualquer tempo, independentemente, portanto, de prévio mandado de prisão, pois enquanto não cessar a permanência o crime estará em seu processo consumativo.

"A casa é o asilo inviolável do cidadão enquanto respeitada sua finalidade precípua de recesso do lar. Isso porque o direito constitucional de inviolabilidade domiciliar não se estende a lares desvirtuados" (TJSP, ApCrim 130.489-3, 1ª CCrim, rel. Des. Andrade Cavalcanti, j. 1º-2-1993, *JTJ* 141/394).

"A Constituição Federal autoriza a prisão em flagrante como exceção à inviolabilidade domiciliar, prescindindo de mandado judicial, qualquer que seja sua natureza" (STF, RHC 91.189/PR, 2ª T., rel. Min. Cezar Peluso, j. 9-3-2010, *DJe* de 23-4-2010).

➥ Tentativa

Não é cabível em qualquer das hipóteses previstas.

Ou o agente possui ou não possui; mantém ou não mantém sob guarda. Não há como *tentar possuir* ou *tentar manter sob guarda*.

Se imaginarmos hipótese em que o agente *tenta possuir*, veremos que para tanto ele já adquiriu ou pelo menos recebeu a arma de fogo, acessório ou munição, e então estaremos diante de outra figura penal. O mesmo raciocínio serve para a hipótese de *tentar manter sob guarda*.

No mesmo sentido: DAMÁSIO E. DE JESUS, *Direito penal do desarmamento*, 5. ed. reformulada, São Paulo, Saraiva, 2005, p. 36; FERNANDO CAPEZ, *Estatuto do Desarmamento*, 4. ed., São Paulo, Saraiva, 2006, p. 72; GILBERTO THUMS, *Estatuto do Desarmamento* (fronteiras entre racionalidade e razoabilidade), 2. ed., Rio de Janeiro, Lumen Juris, 2005, p. 102; ROBERTO DELMANTO, ROBERTO DELMANTO JUNIOR e FABIO M. DE ALMEIDA DELMANTO, *Leis penais especiais comentadas*, 3. ed., São Paulo, Saraiva, 2018, p. 783.

Em sentido contrário, RENATO BRASILEIRO DE LIMA sustenta que, "por se tratar de crime plurissubsistente, admite-se a tentativa, pelo menos em tese" (*Legislação criminal especial comentada*, 9. ed., Salvador, JusPodivm, 2021, p. 439).

➥ Ação penal

Pública incondicionada, em qualquer das hipóteses previstas.

A ação penal pública é a que se inicia por denúncia do Ministério Público[1].

Como ensina Rogério Greco: "Diz-se incondicionada a ação penal de iniciativa pública quando, para que o Ministério Público possa iniciá-la ou, mesmo, requisitar a instauração de inquérito policial, não se exige qualquer condição. É a regra geral das infrações penais, uma vez que o art. 100 do Código Penal assevera que *a ação penal é pública, salvo quando a lei expressamente a declara privativa do ofendido*"[2].

Não havia, e não há, qualquer razão justificadora para que o legislador condicionasse o exercício do *jus persequendi in judicio*, ou mesmo outorgasse a iniciativa da ação penal a determinada parte privada.

A natureza eminentemente pública do bem jurídico tutelado determina a titularidade do exercício do direito de ação em mãos do Ministério Público.

A hipótese de ação penal privada subsidiária da pública, quando admitida, tem autorização no art. 5º, LIX, da CF, também expressa no art. 29 do CPP e no art. 100, § 3º, do CP.

➥ Transação penal

Não é cabível, considerando o disposto no art. 61 da Lei n. 9.099/95, pois a pena máxima cominada é superior a 2 (dois) anos.

➥ Suspensão condicional do processo

É cabível.

Se presentes os requisitos de ordem subjetiva será possível a suspensão condicional do processo regulada no art. 89 da Lei n. 9.099/95, pois a pena mínima cominada é igual a 1 (um) ano.

Súmula 723 do Supremo Tribunal Federal: "Não se admite a suspensão condicional do processo por crime continuado, se a soma da pena mínima da infração mais grave com o aumento mínimo de um sexto for superior a um ano".

Súmula 243 do Superior Tribunal de Justiça: "O benefício da suspensão do processo não é aplicável em relação às infrações penais cometidas em concurso material, concurso formal ou continuidade delitiva, quando a pena mínima cominada, seja pelo somatório, seja pela incidência da majorante, ultrapassar o limite de um (01) ano".

Sobre suspensão condicional do processo, consultar: Luiz Flávio Gomes, *Suspensão condicional do processo penal*, 2. ed., São Paulo, Revista dos Tribunais, 1997.

---

1 José Frederico Marques, *Tratado de direito penal*, 2. ed., São Paulo, Saraiva, 1966, v. 3, p. 340.

2 Rogério Greco, *Curso de direito penal*: parte geral, Niterói, Impetus, 2006, v. 1, p. 744.

➥ Procedimento em Juízo

Não há procedimento especial para os crimes previstos na Lei n. 10.826/2003.

Segue-se o *procedimento comum, sumário*, nos termos do art. 394, § 1º, II, regulado nos arts. 396/399 e 531/536, todos do CPP.

➥ Competência

É da Justiça Estadual, posto que o bem jurídico tutelado é a incolumidade pública, a segurança coletiva; e sujeito passivo é a coletividade, assim compreendida a generalidade humana.

"A Lei n. 10.826/2003, denominada Estatuto do Desarmamento, objetiva a tutela da segurança pública, sendo que os crimes ali definidos ofendem genérica e indiretamente interesse da União, o que não é suficiente para atrair a competência da Justiça Federal, devendo, pois, ser julgados pela Justiça Comum Estadual" (STJ, CComp 45.854/SC, 3ª S., rel. Min. Laurita Vaz, j. 8-9-2004, *DJ* de 11-10-2004, p. 233).

"A jurisprudência desta Corte já se assentou no sentido de que o julgamento dos delitos previstos no Estatuto do Desarmamento é da competência da Justiça estadual. Precedente: CC 98.787/RJ, rel. Ministro Arnaldo Esteves Lima, 3ª S., j. 26-8-2009, *DJe* 23-9-2009" (STJ, CC 120.493/RJ, 3ª S., rel. Min. Reynaldo Soares da Fonseca, j. 10-6-2015, *DJe* de 22-6-2015).

No mesmo sentido: STJ, CComp 56.209/MA, 3ª S., rel. Min. Laurita Vaz, j. 14-12-2005, *DJ* de 6-2-2006, p. 196; STJ, HC 57.384/RJ, rel. Min. Gilson Dipp, j. 24-4-2006, *DJ* de 28-4-2006; *RT* 830/562; STJ, CComp 45.483/RJ 3ª S., rel. Min. Nilson Naves, j. 27-10-2004, *DJU* de 9-2-2005, p. 183; STJ, CComp 45.854/SC, 3ª S., rel. Min. Laurita Vaz, j. 8-9-2004, *DJU* de 11-10-2004, p. 233.

Como bem observou Renato Brasileiro de Lima: "À primeira vista, poder-se-ia pensar que todos os delitos previstos no Estatuto do Desarmamento passariam a ser de competência da Justiça Federal, uma vez que afetariam interesses de órgãos pertencentes à estrutura da União. No entanto, o bem jurídico tutelado pelas citadas normas não é o regular funcionamento ou atuação da Administração Pública Federal, mas sim a segurança e a paz públicas, ou seja, a garantia e preservação do estado de segurança, integridade corporal, vida, saúde e patrimônio dos cidadãos indefinidamente considerados contra possíveis atos que os exponham a perigo. (...) Como o objeto jurídico protegido pela Lei n. 10.826/2003 é a incolumidade de toda a sociedade, vítima em potencial do uso irregular das armas de fogo, não havendo qualquer violação direta aos interesses da União, a despeito de ser o SINARM um ente federal, há de se concluir, pela competência da Justiça Estadual para julgar, em regra, os crimes previstos na Lei n. 10.826/2003" (*Legislação criminal especial comentada*, 9. ed., Salvador, JusPodivm, 2021, p. 427).

➥ Pena

Detenção, de 1 (um) a 3 (três) anos, e multa.

➥ Regime de cumprimento da pena

Em se tratando de pena de *detenção*, não se admite a fixação do regime fechado em caso de condenação, devendo ser fixado o regime aberto ou o semiaberto (art. 33, *caput*, do CP) para o início do cumprimento da privativa de liberdade, observadas as disposições do art. 59 do CP.

Em sede de execução penal, havendo condenação por mais de um delito, é preciso observar o disposto no art. 111 da Lei n. 7.210/84. A respeito do tema, conferir: Renato Marcão, *Curso de execução penal*, 18. ed., São Paulo, Saraiva, 2021.

➥ Penas restritivas de direitos

É cabível a substituição da pena privativa de liberdade aplicada, por restritivas de direitos, observadas as regras do art. 44 do CP.

Já salientamos em outra ocasião que "a aplicação das penas restritivas de direitos leva em conta a presença de requisitos objetivos e subjetivos, revelando importante medida de política criminal, com justa e adequada punição longe do cárcere, observada a proporcionalidade, destinando-se àqueles condenados que praticaram infrações penais sem revelar acentuada periculosidade ou severo desvio de personalidade, que não reclamam resposta penal mais enérgica"[3].

➥ Liberdade provisória, com ou sem pagamento de fiança

É cabível.

Não subsiste no ordenamento qualquer vedação *ex lege* à concessão de liberdade provisória sem fiança.

Consultar os arts. 310 e 321 a 350 do CPP.

➥ Violência doméstica e familiar contra a mulher

Constatada a prática de violência doméstica e familiar contra a mulher, nos termos do art. 22, I, da Lei n. 11.340/2006, o juiz poderá aplicar, de imediato, ao agressor, dentre outras medidas protetivas de urgência, "a suspensão da posse ou restrição do porte de armas, com comunicação ao órgão competente, nos termos da Lei n. 10.826, de 22 de dezembro de 2003".

Dispõe o § 2º do mesmo artigo que, "na hipótese de aplicação do inciso I, encontrando-se o agressor nas condições mencionadas no *caput* e incisos do art. 6º da Lei n. 10.826, de 22 de dezembro de 2003, o juiz comunicará ao respectivo órgão, corporação

---

3 Renato Marcão, *Curso de execução penal*, 9. ed., São Paulo, Saraiva, 2011, p. 278.

ou instituição as medidas protetivas de urgência concedidas e determinará a restrição do porte de armas, ficando o superior imediato do agressor responsável pelo cumprimento da determinação judicial, sob pena de incorrer nos crimes de prevaricação ou de desobediência, conforme o caso".

➥ Constitucionalidade do art. 12 da Lei n. 10.826/2003

A tipificação contida no art. 12 da Lei n. 10.826/2003 nada tem de inconstitucional, por não estar exposta a qualquer mácula material ou formal.

Entendendo inconstitucional o art. 12 do Estatuto do Desarmamento, por não haver "risco ao bem jurídico" na hipótese de posse ou guarda de arma de fogo, confira-se: GILBERTO THUMS, *Estatuto do Desarmamento* (fronteiras entre racionalidade e razoabilidade), 2. ed., Rio de Janeiro, Lumen Juris, 2005, p. 84.

O mesmo autor entende inconstitucional penalizar a posse e guarda de munição e acessório, apresentando suas razões na mesma obra (p. 58-60).

"A garantia de inviolabilidade de domicílio, não sendo de caráter absoluto e comportando exceções, estas previstas no próprio texto constitucional, não impede a criminalização da posse ou guarda de arma de fogo no interior da residência trazida pela nova Lei de Porte de Arma, não se configurando, por consequência, neste aspecto, conflito de normas, e, comprovada a anuência quanto ao acesso ao interior da residência, onde apreendida a arma de fogo, sem registro, a condenação resulta irreparável" (*RT* 764/660).

Sob a égide da antiga Lei de Armas (Lei n. 9.437/97), já se decidiu: "Quando a arma de fogo é encontrada na residência do réu, sem porte ostensivo, não colocando em risco a incolumidade pública, é de se reconhecer a ausência de lesividade ao bem jurídico protegido pela lei penal. Não havendo a imperiosidade da proteção de bem jurídico, fato existente nos chamados crimes de perigo abstrato meramente formais, é inaceitável a intervenção penal, porquanto inócua e estigmatizante. O princípio da lesividade ou ofensividade possui lastro constitucional exatamente no art. 5º, XXXIX, da CF, e, no âmbito penal, qualquer tentativa de aplicação de um direito preventivo mostra-se insubmissa e desgarrada da Regra Excelsa, o que é vedado" (TAMG, Ap. 329.535-6, 2ª Câm., j. 22-5-2001, rel. Juiz Alexandre Victor de Carvalho, *DOMG* de 20-11-2001, *RT* 796/705). "A posse de arma em residência, sem registro, para segurança própria e sem evidente possibilidade de pronta utilização, não representa risco real à segurança coletiva. Representa, pois, insignificante potencialidade de perigo ao bem jurídico tutelado, que enseja a absolvição por atipicidade" (*RT* 798/691).

➥ Descriminalização temporária

O art. 30 da Lei n. 10.826/2003 dispunha: "Os possuidores e proprietários de armas de fogo não registradas deverão, sob pena de responsabilidade penal, no prazo de 180 (cento e oitenta) dias após a publicação desta Lei, solicitar o seu registro apresentando nota fiscal de compra ou a comprovação da origem lícita da posse, pelos meios de prova em direito admitidos", e o art. 32 dizia: "Os possuidores e proprietários de armas de fogo não registradas poderão, no prazo de 180 (cento e oitenta) dias após a publicação desta Lei, entregá-las à Polícia Federal, mediante recibo e, presumindo-se a boa-fé, poderão ser indenizados, nos termos do regulamento desta Lei".

Tais prazos foram alterados pela Lei n. 10.884, de 17 de junho de 2004 (Medida Provisória n. 174, de 18-3-2004), que em seu art. 1º assim determinou: "O termo inicial dos prazos previstos nos arts. 29, 30 e 32 da Lei n. 10.826, de 22 de dezembro de 2003, passa a fluir a partir da publicação do decreto que os regulamentar, não ultrapassando, para ter efeito, a data limite de 23 de junho de 2004".

Depois entrou em vigor a Lei n. 11.118, de 19 de maio de 2005, que em seu art. 3º assim dispôs: "Os prazos previstos nos arts. 30 e 32 da Lei n. 10.826, de 22 de dezembro de 2003, com a redação dada pela Lei n. 10.884, de 17 de junho de 2004, ficam prorrogados, tendo por termo final o dia 23 de junho de 2005".

Posteriormente veio a Lei n. 11.191, de 10 de novembro de 2005, que também prorrogou os prazos dos arts. 30 e 32: "Art. 1º O termo final do prazo previsto no art. 32 da Lei n. 10.826, de 22 de dezembro de 2003, fica prorrogado até 23 de outubro de 2005". "Art. 2º O termo final do prazo previsto no art. 30 da Lei n. 10.826, de 22 de dezembro de 2003, fica prorrogado para os residentes em áreas rurais que comprovem depender do emprego de arma de fogo para prover sua subsistência familiar, de acordo com o disposto no § 5º do art. 6º da Lei n. 10.826, de 22 de dezembro de 2003, por 120 (cento e vinte) dias após a publicação desta Lei".

Também sobre o tema foi editada a Medida Provisória n. 379, de 28 de junho de 2007, que acabou revogada pela Medida Provisória n. 390, de 18 de setembro de 2007, convertida na Lei n. 11.579, de 27 de novembro de 2007. Em 20 de setembro de 2007 foi editada a Medida Provisória n. 394, que deu nova redação ao § 3º do art. 5º da Lei n. 10.826, e, por fim, no dia 31 de janeiro de 2008, foi publicada a Medida Provisória n. 417, que terminou convertida na Lei n. 11.706, de 19 de junho de 2008, alterando novamente o § 3º do art. 5º da Lei n. 10.826/2003, que ficou com o seguinte teor: "O proprietário de arma de fogo com certificado de registro de propriedade expedido por órgão estadual ou do Distrito Federal até a data da publicação desta Lei que não optar pela entrega espontânea prevista no art. 32 desta Lei deverá renová-lo mediante o pertinente registro federal, até o dia 31 de dezembro de 2008, ante a apresentação de documento de identificação pessoal e comprovante de residência fixa, ficando dispensado do pagamento de taxas e do cumprimento das demais exigências constantes dos incisos I a III do *caput* do art. 4º desta Lei".

Por força da Lei n. 11.706, de 19 de junho de 2008, o art. 30, *caput*, da Lei n. 10.826/2003 passou a ter a seguinte redação: "Os possuidores e proprietários de arma de fogo de uso permitido ainda não registrada deverão solicitar seu registro até o dia 31 de dezembro de 2008, mediante apresentação de documento de identificação pessoal e comprovante de residência fixa, acompanhados de nota fiscal de compra ou comprovação da origem lícita da posse, pelos meios de prova admitidos em direito, ou declaração firmada na qual constem as características da arma e a sua condição de proprietário, ficando este dispensado do pagamento de taxas e do cumprimento das demais exigências constantes dos incisos I a III do *caput* do art. 4º desta Lei". E diz o parágrafo único do mesmo artigo: "Para fins do cumprimento do disposto no *caput* deste artigo, o proprietário de arma de fogo poderá obter, no Departamento de Polícia Federal, certificado de registro provisório, expedido na forma do § 4º do art. 5º desta Lei".

A Lei n. 11.922, de 13 de abril de 2009, em seu art. 20, determinou a prorrogação para 31 de dezembro de 2009 do prazo de que trata o art. 30 da Lei n. 10.826, de 22 de dezembro de 2003.

Por se tratar de "prorrogação" do prazo que havia vencido em 31 de dezembro de 2008, a nova regra tem efeito retroativo, de molde a alcançar os fatos praticados desde 1º de janeiro de 2009.

Importante ressaltar que apenas o prazo do art. 30 é que fora prorrogado, ou seja, o prazo para que os possuidores e proprietários de arma de fogo de uso permitido ainda não registrada pudessem solicitar seu registro.

Nos precisos termos do art. 31 do Estatuto, "os possuidores e proprietários de armas de fogo adquiridas regularmente poderão, a qualquer tempo, entregá-las à Polícia Federal, mediante recibo e indenização, nos termos do regulamento desta Lei".

Conforme o art. 32 da Lei n. 10.826/2003, com a redação da Lei n. 11.706, de 19 de junho de 2008: "Os possuidores e proprietários de arma de fogo poderão entregá-la, espontaneamente, mediante recibo, e, presumindo-se de boa-fé, serão indenizados, na forma do regulamento, ficando extinta a punibilidade de eventual posse irregular da referida arma".

Digno de nota que no dia 12 de dezembro de 2007, por 7 (sete) votos contra 2 (dois), o Plenário do Supremo Tribunal Federal suspendeu a eficácia da Medida Provisória n. 394, de 20 de setembro de 2007, ao conceder liminar na Ação Direta de Inconstitucionalidade n. 3.964 ajuizada pelo Partido da Social Democracia Brasileira (PSDB) e pelo Democratas (DEM), entendendo, em síntese, que a edição da medida provisória contrariou o disposto no *caput* (necessidade de relevância e urgência) e no § 10 (veda a reedição, na mesma sessão legislativa, de medida provisória que tenha sido rejeitada ou que tenha perdido sua eficácia por decurso de prazo) do art. 62, ambos da Constituição Federal.

Durante o período de prorrogação dos prazos em que o legislador houve por bem permitir a regularização da posse de arma de fogo, nos termos da regulamentação, a conduta de possuir ou manter sob guarda arma de fogo, acessório ou munição, de uso permitido, em desacordo com determinação legal ou regulamentar, no interior de sua residência ou dependência desta, ou, ainda, no seu local de trabalho, desde que fosse o titular ou o responsável legal do estabelecimento ou empresa, deixou de ser considerada ilícito penal.

Por força dos prazos concedidos ocorreu *abolitio criminis temoralis* no período compreendido entre 23 de dezembro de 2003 (data em que a Lei n. 10.826 entrou em vigor) e o prazo fatal para as regularizações, sem efeito *ex tunc*, ou seja, sem alcançar os crimes praticados sob a égide da lei antiga (Lei n. 9.437/97). O prazo legal estipulado para regularização das autorizações configurou *vacatio legis*.

A "anistia temporária" teve por objetivo permitir a regularização do registro de armas de fogo ou sua entrega à Polícia Federal, constituindo, na visão de FERNANDO CAPEZ, "um paradisíaco período de atipicidade"[4].

Ela alcançou apenas o crime de *posse* de arma de fogo (arts. 12 e 16 da Lei n. 10.826/2003), mas não o crime de *porte*, e a respeito desse tema a jurisprudência se consolidou, conforme indicam as referências abaixo:

"Os artigos 30 e 32 do Estatuto do Desarmamento referem-se a possuidores e proprietários de armas de fogo. O artigo 29 e seu parágrafo único dispõem sobre a autorização para o porte de arma de fogo. Aos possuidores e proprietários a lei faculta, no artigo 30, a regularização, mediante comprovação da aquisição lícita, no prazo assinalado. O artigo 32 obriga, aos que não puderem demonstrar a aquisição lícita, a entrega da arma à Polícia Federal, no prazo que estipula. O artigo 29 e seu parágrafo único, da Lei n. 10.826/2003, dizem respeito às pessoas autorizadas a portar armas de fogo. Dispõem sobre o término das autorizações já concedidas (*caput*) e a propósito da renovação (parágrafo único), desde que atendidas as condições estipuladas nos seus artigos 4º, 6º e 10. O prazo legal estipulado para regularização das autorizações concedidas não configura *vacatio legis*, do que decorreria a *abolitio criminis* temporária, no que tange ao crime de porte de arma de fogo por pessoa não autorizada. A vingarem as razões recursais, chegar-se-ia ao absurdo de admitir, no prazo fixado para regularização das autorizações, o porte de arma de fogo por pessoas e entidades não arroladas nos incisos I a IX do artigo 6º da Lei n. 10.826/2003" (STF, RHC 86.681/DF, 1ª T., rel. Min. Eros Grau, j. 6-12-2005, *DJ* de 24-2-2006, p. 25, *Ement.*, v. 2222-03, p. 439).

"Somente as condutas típicas 'possuir ou ser proprietário' foram abolidas temporariamente. A vingar a tese de *abolitio criminis* temporária quanto ao porte ilegal, chegar-se-á ao absurdo de admitir que qualquer pessoa pode transitar livremente em público portando arma de fogo" (STF, HC 88.594/SP, 2ª T., rel. Min. Eros Grau, j. 9-5-2006, *DJ* de 2-6-2006, p. 44, *Ement.*, v. 2235-03, p. 555).

4 Fernando Capez, *Estatuto do Desarmamento*, 4. ed., São Paulo, Saraiva, 2006, p. 76.

"'[é] atípica a posse de arma de fogo, acessórios e munição, seja de uso permitido ou de uso restrito, incidindo a chamada *abolitio criminis* temporária nas duas hipóteses, se praticada no período compreendido entre 23 de dezembro de 2003 a 23 de outubro de 2005. Este termo final foi prorrogado até 31 de dezembro de 2008 somente para os possuidores de armamentos de uso permitido (art. 12), nos termos da Medida Provisória n. 417, de 31 de janeiro de 2008, que estabeleceu nova redação para os arts. 30 a 32 da Lei n. 10.826/2003, não mais albergando o delito previsto no art. 16 do Estatuto — posse de arma de fogo, acessórios e munição de uso proibido ou restrito. Com a publicação da Lei n. 11.922, de 13 de abril de 2009, o prazo previsto no art. 30 do Estatuto do Desarmamento foi prorrogado para 31 de dezembro de 2009 no que se refere exclusivamente à posse de arma de uso permitido' (HC n. 346.077/SP, 5ª T., rel. Min. Jorge Mussi, *DJe* de 25-5-2016). Cumpre ressaltar, também, que a jurisprudência dessa Corte é firme no sentido de que 'as disposições trazidas nos arts. 30 e 32 do Estatuto do desarmamento e nas sucessivas prorrogações dizem respeito apenas ao delito de posse ilegal de arma (art. 12 da Lei n. 10.826/2003), não sendo aplicáveis ao crime de porte ilegal de arma' (AgRg no AREsp n. 226.309/PE, 5ª T., rel. Min. Laurita Vaz, *DJe* 22-8-2014)" (STJ, AgInt no AREsp 1.127.872/SP, 5ª T., rel. Min. Felix Fischer, j. 15-5-2018, *DJe* de 21-5-2018).

➥ Arma de fogo obsoleta

A posse de arma de fogo obsoleta não se presta à configuração do crime.

O glossário constante do Anexo III do Decreto n. 10.030/2019 define arma de fogo obsoleta como arma de fogo que não se presta ao uso regular, devido à sua munição e aos elementos de munição não serem mais fabricados, por ser ela própria de fabricação muito antiga ou de modelo muito antigo e fora de uso, e que, pela sua obsolescência, presta-se a ser considerada relíquia ou a constituir peça de coleção.

➥ Arma de fogo desmuniciada

É irrelevante para a configuração do crime previsto no art. 12 da Lei n. 10.826/2003 o fato de a arma encontrar-se desmuniciada quando de sua localização.

"A posse de arma de fogo é crime de perigo abstrato, sendo irrelevante, portanto, aferir sua lesividade ou mesmo o fato de estar desmuniciada, porquanto o que se busca é a proteção da segurança pública e a paz social" (STJ, AgRg no AREsp 1.475.991/SP, 6ª T., rel. Min. Nefi Cordeiro, j. 5-11-2019, *DJe* de 11-11-2019).

"A posse irregular de arma de fogo de uso permitido, ainda que desmuniciada, configura o crime do art. 12 da Lei n. 10.826/2003, delito de perigo abstrato que presume a ocorrência de risco à segurança pública e prescinde de resultado naturalístico à integridade de outrem para ficar caracterizado" (STJ AgRg no HC 595.567/SP, 6ª T., rel. Min. Rogério Schetti Cruz, j. 1-9-2020, *DJe* de 9-9-2020).

"A jurisprudência deste Tribunal Superior é firmada no sentido de que 'a posse de arma de fogo é crime de perigo abstrato, sendo irrelevante, portanto, aferir sua lesividade ou mesmo o fato de estar desmuniciada, porquanto o que se busca é a proteção da segurança pública e a paz social' (AgRg no AREsp n. 1.475.991/SP, rel. Min. Nefi Cordeiro, 6ª T., j. 5-11-2019, *DJe* de 11-11-2019)" (STJ, AgRg no AgRg no AREsp 1.644.488/SP, 6ª T., rel. Min. Antonio Saldanha Palheiro, j. 27-10-2020, *DJe* de 3-11-2020, *REPDJe* 12-11-2020).

Em sentido contrário: "A arma, para ser arma, há de ser eficaz; caso contrário, de arma não se cuida. Tal é o caso de arma de fogo sem munição, que, não possuindo eficácia, não pode ser considerada arma. Não comete, pois, crime de posse irregular de arma de fogo aquele que mantém, sob sua guarda, arma de fogo desmuniciada, mormente em se tratando de garrucha de fabricação artesanal sem nenhuma munição" (STJ, HC 86.624/MS, 6ª T., rel. Min. Nilson Naves, j. 13-10-2009, *DJe* de 18-12-2009; *Revista Bonijuris*, n. 555, p. 28).

➥ Prova pericial: eficácia da arma de fogo, do acessório e da munição

É preciso que seja provada pericialmente a eficácia da arma, do acessório ou da munição objeto material do crime, por força do disposto no art. 158 do CPP, para aferir a potencialidade lesiva, a capacidade de ofensa ao bem jurídico tutelado.

Arma que não está apta a efetuar disparo não pode ser considerada *arma* para os fins do art. 12 da Lei n. 10.826/2003. É preciso provar sua aptidão para produzir disparo.

Acessório sem condição de uso eficaz também não enseja a conformação típica, tanto quanto a munição sem capacidade lesiva não pode ser considerada *munição* para efeito penal.

Arma, acessório ou munição sem aptidão à finalidade a que se destinam não ensejam imputação penal relacionada ao art. 12 do Estatuto do Desarmamento.

Nada obstante a literalidade do art. 158 do CPP, nas Cortes Superiores há decisões em sentido contrário ao que entendemos correto, conforme demonstram as ementas que seguem transcritas:

"Esta Corte possui entendimento pacífico no sentido de que o tipo penal de posse ou porte ilegal de arma de fogo caracteriza-se como delito de mera conduta ou de perigo abstrato, sendo irrelevante a demonstração de seu efetivo caráter ofensivo. Provada, todavia, por perícia a inaptidão da arma para produzir disparos, não há que se falar em tipicidade da conduta" (STJ, AgInt no REsp 1.788.547/RN, 5ª T., rel. Min. Reynaldo Soares da Fonseca, j. 2-4-2019, *DJe* de 16-4-2019).

"A jurisprudência deste Superior Tribunal de Justiça aponta que os crimes previstos nos arts. 12, 14 e 16 da Lei n. 10.826/2003 são de perigo abstrato, sendo desnecessário perquirir sobre a lesividade concreta da conduta, porquanto o objeto jurídico tutelado não é a incolumidade física e sim a segurança pública e a paz social, colocadas em risco com a posse de munição, ainda que desacompanhada de arma de fogo, revelando-se despicienda a comprovação do potencial ofensivo do artefato através de laudo pericial" (STJ, AgRg no REsp 1.872.425/SC, 5ª T., rel. Min. Ribeiro Dantas, j. 6-10-2020, *DJe* de 16-10-2020).

↪ Prova da eficácia: divergência entre a prova oral e a prova técnica

Prevalece a prova técnica; a prova pericial.

"Apesar de a prova oral indicar que a arma não estava em perfeitas condições de funcionamento, possuía ela aptidão de produzir disparos, o que basta para atingir o bem jurídico tutelado" (TJRS, Ap. 70.012.646.543, 8ª CCrim, rel. Des. Marco Antônio Ribeiro de Oliveira, j. 26-10-2005).

↪ Desconhecimento da lei

A alegação de desconhecimento da lei não beneficia o agente, notadamente em se tratando de crime relacionado a arma de fogo, acessório e munição, cujo tema sempre contou com ampla discussão em todas as camadas sociais, sendo rotineiramente debatido e divulgado pela mídia.

↪ Quantidade de arma e concurso de crimes

Para a conformação típica do art. 12, pouco importa se o agente possui ou mantém sob guarda uma arma ou mais. O legislador não fez qualquer ressalva.

A ausência de porte de arma é ilícito único. Não apresenta relevância, para caracterização do concurso de crimes, serem duas ou até mais as armas apreendidas na posse de alguém num mesmo momento (*RT* 775/612, 779/586 e 786/667).

"A apreensão de mais de uma arma em poder do mesmo agente não caracteriza concurso formal de crimes, mas delito único" (STJ, HC 110.800/SP, 5ª T., rel. Min. Laurita Vaz, j. 29-10-2009, *DJe* de 30-11-2009).

↪ Posse de munição desacompanhada de arma de fogo

Para a configuração do delito descrito no art. 12 da Lei n. 10.826/2003, é suficiente a apreensão de munição nas condições tipificadas, sendo desnecessária a apreensão de arma de fogo compatível com o calibre.

"Não há se falar em atipicidade em virtude da apreensão da munição desacompanhada de arma de fogo, porquanto a conduta narrada preenche não apenas a tipicidade formal mas também a material, uma vez que 'o tipo penal visa à proteção da incolumidade pública, não sendo suficiente a mera proteção à incolumidade pessoal' (AgRg no REsp n. 1.434.940/GO, 6ª T., rel. Min. Rogerio Schietti Cruz, *DJe* de 4-2-2016)"

(STJ, AgRg no AREsp 1.439.001/DF, 5ª T., rel. Min. Reynaldo Soares da Fonseca, j. 14-5-2019, *DJe* de 23-5-2019).

"A jurisprudência do Superior Tribunal de Justiça firmou-se no sentido de que o crime do art. 12 da Lei n. 10.826/2003, não sendo necessário, para sua consumação, que junto com a munição sejam apreendidas armas aptas para efetivar seus disparos" (STJ, AgRg no REsp 1.780.321/SP, 6ª T., rel. Min. Laurita Vaz, j. 18-6-2019, *DJe* de 1º-8-2019).

"A posse de munição desacompanhada da respectiva arma de fogo configura o crime do art. 12 da Lei n. 10.826/2003, delito de perigo abstrato que presume a ocorrência de risco à segurança pública e prescinde de resultado naturalístico à integridade de outrem para ficar caracterizado" (STJ, AgRg no REsp 1.873.332/SC, 6ª T., rel. Min. Rogério Schietti Cruz, j. 20-10-2020, *DJe* de 12-11-2020).

➥ Posse de munição. Princípio da insignificância

Não se pode excluir aprioristicamente a possibilidade de reconhecimento do princípio da insignificância. É preciso proceder cuidadosa análise, caso a caso, para só então aferir a ausência, ou não, de tipicidade material; de lesividade.

"O Direito Penal, regido pelo princípio da intervenção mínima, deve ocupar-se da proteção dos bens jurídicos mais valorosos e necessários à vida em sociedade, intervindo somente quando os demais ramos do direito não forem capazes de fazê-lo. É utilizado, portanto, como *ultima ratio*. Em virtude de seu caráter fragmentário e subsidiário, a persecução penal pressupõe não apenas a subsunção da conduta ao tipo (tipicidade formal), mas também a existência da tipicidade material. Nesse contexto, à luz do Princípio da Insignificância, far-se-á a averiguação da tipicidade material da conduta, mediante um juízo conglobante do fato e da periculosidade do agente" (STF, HC 197.530/PB, rel. Min. Edson Fachin, j. 10-2-2021).

"Recorrente que guardava no interior de sua residência uma munição de uso permitido, calibre 22. Conduta formalmente típica, nos termos do art. 12 da Lei n. 10.826/2003. Inexistência de potencialidade lesiva da munição apreendida, desacompanhada de arma de fogo. Atipicidade material dos fatos. Recurso provido para determinar o trancamento da ação penal em relação ao delito descrito no art. 12 da Lei n. 10.826/2003 (Estatuto do Desarmamento)" (STF, RHC 143.449/MS, 2ª T., rel. Min. Ricardo Lewandowski, j. 26-9-2017, *DJe*-231, de 9-10-2017).

"O 'princípio da insignificância — que deve ser analisado em conexão com os postulados da fragmentariedade e da intervenção mínima do Estado em matéria penal — tem o sentido de excluir ou de afastar a própria tipicidade penal, examinada na perspectiva de seu caráter material. [...] Tal postulado — que considera necessária, na aferição do relevo material da tipicidade penal, a presença de certos vetores, tais como

(a) a mínima ofensividade da conduta do agente, (b) nenhuma periculosidade social da ação, (c) o reduzidíssimo grau de reprovabilidade do comportamento e (d) a inexpressividade da lesão jurídica provocada — apoiou-se, em seu processo de formulação teórica, no reconhecimento de que o caráter subsidiário do sistema penal reclama e impõe, em função dos próprios objetivos por ele visados, a intervenção mínima do Poder Público' (HC n. 84.412-0/SP, STF, rel. Min. Celso de Mello, *DJU* 19-11-2004)" (STJ, HC 589.871/MS, 5ª T., rel. Min. Ribeiro Dantas, j. 25-8-2020, *DJe* de 3-9-2020).

"A Sexta Turma desta Casa, alinhando-se ao Supremo Tribunal Federal, passou a admitir a aplicação do princípio da insignificância aos crimes previstos na Lei n. 10.826/2003, esclarecendo que a ínfima quantidade de munição apreendida, aliada à ausência de artefato bélico apto ao disparo, evidencia a inexistência de riscos à incolumidade pública. Precedentes" (STJ, AgRg no REsp 1.841.973/AP, 6ª T., rel. Min. Antonio Saldanha Palheiro, j. 22-9-2020, *DJe* de 28-9-2020).

"A aplicação do princípio da insignificância nas hipóteses admitidas pela Corte Suprema guardam as suas próprias peculiaridades e deve ficar restrita a casos excepcionais que demonstrem a inexpressividade da lesão, de forma que a incidência do mencionado princípio não pode levar ao esvaziamento do conteúdo jurídico do tipo penal em apreço, incorrendo em proteção deficiente ao bem jurídico tutelado" (STJ, REsp 1.888.381/GO, 6ª T., rel. Min. Nefi Cordeiro, j. 6-10-2020, *DJe* de 13-10-2020).

"Ambas as Turmas que compõem a Terceira Seção desta Corte Superior orientaram-se no sentido da atipicidade da conduta perpetrada, diante da ausência de afetação do referido bem jurídico, tratando-se de crime impossível pela ineficácia absoluta do meio (REsp n. 1.699.710/MS, rel. Min. Maria Thereza de Assis Moura, 6ª T., *DJe* 13-11-2017; e HC n. 438.148/MS, Ministro Ribeiro Dantas, 5ª T., *DJe* 30-5-2018). A Segunda Turma do Supremo Tribunal Federal posicionou-se no sentido de desconsiderar a potencialidade lesiva na hipótese em que pouca munição é apreendida desacompanhada de arma de fogo (RHC n. 143.449/MS, rel. Min. Ricardo Lewandowski, 2ª T., *DJe* 9-10-2017)" (STJ, AgRg no REsp 1.841.147/RS, 6ª T., rel. Min. Sebastião Reis Júnior, j. 25-8-2020, *DJe* de 2-9-2020).

Nos processos adiante listados, o Superior Tribunal de Justiça também aplicou o princípio da insignificância, em relação às quantidades indicadas:

1 munição: STJ, AgRg no REsp 1.841.147/RS, 6ª T., rel. Min. Sebastião Reis Júnior, j. 25-8-2020, *DJe* de 2-9-2020.

2 munições: STJ, AgRg no HC 554.858/SC, 5ª T., rel. Min. Ribeiro Dantas, j. 12-5-2020, *DJe* de 18-5-2020; STJ HC 613.195/MG, 5ª T., rel. Min. Reynaldo Soares da Fonseca, j. 1-12-2020, *DJe* de 7-12-2020.

3 munições: STJ, AgRg no REsp 1.836.712/MG, 5ª T., rel. Min. Ribeiro Dantas, j. 15-9-2020, *DJe* de 21-9-2020; STJ, AgRg no HC 582.549/RJ, 6ª T., rel. Min. Nefi Cordeiro, j. 18-8-2020, *DJe* de 26-8-2020.

5 munições: STJ, AgRg no HC 628.2112/SP, 5ª T., rel. Min. Reynaldo Soares da Fonseca, j. 1-12-2020, *DJe* de 7-12-2020.

6 munições: STJ, AgRg no AREsp 1.566.516/RS, 6ª T., rel. Min. Nefi Cordeiro, j. 4-2-2020, *DJe* de 10-2-2020.

7 munições: STJ, AgRg no REsp 1.828.540/SP, 5ª T., rel. Min. Jorge Mussi, j. 22-10-2019, *DJe* de 11-11-2019; STJ, AgRg no AREsp 1.573.030/SP, 6ª T., rel. Min. Nefi Cordeiro, j. 4-2-2020, *DJe* de 10-3-2020.

8 munições: STJ, AgRg no HC 545.374/SP, 6ª T., rel. Min. Nefi Cordeiro, j. 3-3-2020, *DJe* de 9-3-2020.

9 munições: STJ, AgRg no REsp 1.831.447/MG, 6ª T., rel. Min. Antonio Saldanha Palheiro, j. 22-10-2019, *DJe* de 11-11-2019.

10 munições: STJ, AgRg no REsp 1.853.920/SC, 6ª T., rel. Min. Nefi Cordeiro, j. 16-6-2020, *DJe* de 23-6-2020; STJ, RCD no HC 542.965/ES, 6ª T., rel. Min. Sebastião Reis Júnior, j. 19-5-2020, *DJe* de 28-5-2020.

11 munições: STJ, AgRg no HC 496.066/SC, 6ª T., rel. Min. Sebastião Reis Júnior, j. 11-4-2019, *DJe* de 26-4-2019.

16 munições: STJ, AgRg no HC 514.866/MS, 5ª T., rel. Min. Ribeiro Dantas, j. 27-8-2019, *DJe* de 2-9-2019.

25 munições: STJ, HC 552.001/SP, 5ª T., rel. Min. Reynaldo Soares da Fonseca, j. 4-2-2020, *DJe* de 12-2-2020.

↪ Caçadores, colecionadores e atiradores

O Decreto n. 9.846/2019 regulamenta a Lei n. 10.826/2003 para dispor sobre o registro, o cadastro e a aquisição de armas e de munições por caçadores, colecionadores e atiradores.

Para os fins do disposto no art. 55 do Regulamento instituído pelo Decreto n. 10.030/2019, considera-se caçador a pessoa física registrada no Comando do Exército que realiza o abate de espécies da fauna, em observância às normas de proteção ao meio ambiente.

↪ Residentes em áreas rurais. Caçador para subsistência

Sobre a matéria, o art. 6º, §§ 5º e 6º, da Lei n. 10.826/2003, assim dispõe:

"§ 5º Aos residentes em áreas rurais, maiores de 25 (vinte e cinco) anos, que comprovem depender do emprego de arma de fogo para prover sua subsistência alimentar familiar será concedido pela Polícia Federal o porte de arma de fogo, na categoria caçador para subsistência, de uma arma de uso permitido, de tiro simples, com 1 (um) ou 2 (dois) canos, de alma lisa e de calibre igual ou inferior a 16 (dezesseis), desde que o interessado comprove a efetiva necessidade em requerimento ao qual deverão ser anexados os seguintes documentos: I — documento de identificação pessoal; II — comprovante de residência em área rural; e III — atestado de bons antecedentes.

§ 6º O caçador para subsistência que der outro uso à sua arma de fogo, independentemente de outras tipificações penais, responderá, conforme o caso, por porte ilegal ou por disparo de arma de fogo de uso permitido".

➥ Arma com finalidade decorativa

Não exclui a incidência penal.

"A simples posse e manutenção de armas de fogo, sem os necessários porte e registro dos artefatos, são circunstâncias suficientes para a caracterização do crime, pouco importando se a finalidade das armas era apenas decorativa e de que algumas delas não pertenciam ao agente" (*RT* 774/577).

➥ Relíquia de família

Não exclui a incidência penal.

"Ainda que relíquia de família, a posse de arma de fogo em casa, sem registro e com potencialidade lesiva, configura o crime" (*RT* 786/667).

➥ Espingarda de chumbinho

Não pode ser considerada arma de fogo.

Pode ingressar no conceito de arma imprópria, que não se encaixa no art. 12 do Estatuto do Desarmamento.

➥ Ingresso em residência

Essa matéria foi soberanamente decidida no Supremo Tribunal Federal, com repercussão geral, e o entendimento permanece respeitado no Superior Tribunal de Justiça, conforme demonstram as ementas que seguem transcritas.

"1. Recurso extraordinário representativo da controvérsia. Repercussão geral. 2. Inviolabilidade de domicílio — art. 5º, XI, da CF. Busca e apreensão domiciliar sem mandado judicial em caso de crime permanente. Possibilidade. A Constituição dispensa o mandado judicial para ingresso forçado em residência em caso de flagrante delito. No crime permanente, a situação de flagrância se protrai no tempo. 3. Período noturno. A cláusula que limita o ingresso ao período do dia é aplicável apenas aos casos em que a busca é determinada por ordem judicial. Nos demais casos — flagrante delito, desastre ou para prestar socorro — a Constituição não faz exigência quanto ao período do dia. 4. Controle judicial *a posteriori*. Necessidade de preservação da inviolabilidade domiciliar. Interpretação da Constituição. Proteção contra ingerências arbitrárias no domicílio. Muito embora o flagrante delito legitime o ingresso forçado em casa sem determinação judicial, a medida deve ser controlada judicialmente. A inexistência de controle judicial, ainda que posterior à execução da medida, esvaziaria o núcleo fundamental da garantia contra a inviolabilidade da casa (art. 5, XI, da CF) e deixaria de proteger contra ingerências arbitrárias no domicílio (Pacto de São José da Costa Rica, art. 11, 2, e Pacto Internacional sobre Direitos Civis e Políticos, art. 17, 1). O controle judicial *a posteriori* decorre tanto da interpretação da Constituição, quanto da aplicação da proteção consagrada em tratados internacionais sobre direitos humanos incorporados ao ordenamento jurídico. Normas internacionais de caráter judicial que se incorporam à cláusula do devido processo legal. 5. Justa causa. A entrada forçada em domicílio, sem uma justificativa prévia conforme o direito, é arbitrária. Não será a constatação de situação de flagrância, posterior ao ingresso, que justificará a medida. Os agentes estatais devem demonstrar que havia elementos mínimos a caracterizar fundadas razões (justa causa) para a medida. 6. Fixada a interpretação de que a entrada forçada em domicílio sem mandado judicial só é lícita, mesmo em período noturno, quando amparada em fundadas razões, devidamente justificadas *a posteriori*, que indiquem que dentro da casa ocorre situação de flagrante delito, sob pena de responsabilidade disciplinar, civil e penal do agente ou da autoridade e de nulidade dos atos praticados" (STF, RE 603.616/RO, Tribunal Pleno, rel. Min. Gilmar Mendes, j. 5-11-2015, *DJe*-093, de 10-5-2016).

"O Supremo Tribunal Federal definiu, em repercussão geral, que o ingresso forçado em domicílio sem mandado judicial apenas se revela legítimo — a qualquer hora do dia, inclusive durante o período noturno — quando amparado em fundadas razões, devidamente justificadas pelas circunstâncias do caso concreto, que indiquem estar ocorrendo, no interior da casa, situação de flagrante delito (RE n. 603.616/RO, rel. Min. Gilmar Mendes, *DJe* 8-10-2010)" (STJ, REsp 1.498.689/RS, 6ª T., rel. Min. Rogério Schietti Cruz, j. 27-2-2018, *DJe* de 8-3-2018).

"É assente a jurisprudência desta Corte Superior no sentido de que nos crimes permanentes se protrai no tempo o estado de flagrância. O ingresso da autoridade policial no domicílio para a realização de busca e apreensão sem mandado, contudo, pressupõe a presença de elementos seguros que evidenciem a prática ilícita. Não se admite que a autoridade policial apenas com base em delação anônima, sem a produção de elementos capazes de evidenciar fundadas suspeitas da prática delitiva, viole o direito constitucional à inviolabilidade do domicílio, conduzindo à ilicitude da prova que evidencia a materialidade delitiva" (STJ, HC 471.553/SC, 6ª T., rel. Min. Sebastião Reis Júnior, j. 21-2-2019, *DJe* de 12-3-2019).

"Conforme entendimento desta Corte Superior de Justiça '[o] ingresso em moradia alheia depende, para sua validade e sua regularidade, da existência de fundadas razões (justa causa) que sinalizem para a possibilidade de mitigação do direito fundamental em questão [...]' (RHC 117.380/SC, rel. Min. Rogerio Schietti Cruz, 6ª T. j. 10-12-2019, *DJe* 13-12-2019" (STJ, AgRg no HC 504.801/SP, 6ª T., rel. Min. Laurita Vaz, j. 15-9-2020, *DJe* de 29-9-2020).

➥ Destinação das armas de fogo, acessórios e munições apreendidas

As armas de fogo apreendidas, após a elaboração do laudo pericial e sua juntada aos autos, quando não mais interessarem à persecução penal serão encaminhadas pelo juiz competente ao Comando do Exército, no prazo de até 48 (quarenta e oito) horas, para destruição ou doação aos órgãos de segurança pública ou às Forças Armadas, na forma do regulamento desta Lei (art. 25 da Lei n. 10.826/2003).

A doação das armas de fogo e os trâmites daí decorrentes estão regulados nos parágrafos do art. 25.

A Lei n. 11.706/2008, que alterou o art. 25 da Lei n. 10.826/2003, não fez referência à destinação dos acessórios e das munições apreendidas, impondo, nesse aspecto, regulamentação menos abrangente que aquela encontrada na redação original. Mesmo assim, não há razão lógica que impeça a interpretação ampliativa, para efeito de permitir aos acessórios e munições o mesmo tratamento jurídico dispensado à destinação das armas.

O atual regramento também não faz referência às armas de fogo apreendidas ou encontradas e que não constituam prova em inquérito policial ou criminal, ao contrário do que se via no já revogado parágrafo único do art. 25 da Lei n. 10.826/2003, e na ausência de regra específica é de se permitir, *para efeito de destinação*, as mesmas opções anteriormente apresentadas.

➥ Doutrina

RENATO BRASILEIRO DE LIMA, *Legislação criminal especial comentada*, 9. ed., Salvador, JusPodivm, 2021, p. 429; DAMÁSIO E. DE JESUS, *Direito penal do desarmamento*, 5. ed. reformulada, São Paulo, Saraiva, 2005, p. 32; FERNANDO CAPEZ, *Estatuto do Desarmamento*, 4. ed., São Paulo, Saraiva, 2006, p. 64; GILBERTO THUMS, *Estatuto do Desarmamento* (fronteiras entre racionalidade e razoabilidade), 2. ed., Rio de Janeiro, Lumen Juris, 2005, p. 99; LUIZ FLÁVIO GOMES e ALICE BIANCHINI, Parecer jurídico, in *Reforma criminal*, São Paulo, Revista dos Tribunais, 2004, p. 483; ROBERTO DELMANTO, ROBERTO DELMANTO JUNIOR e FABIO M. DE ALMEIDA DELMANTO, *Leis penais especiais comentadas*, São Paulo, 3. ed., São Paulo, Saraiva, 2018, p. 779; THALES TÁCITO PONTES LUZ DE PÁDUA CERQUEIRA, Lei 10.826/2003 — questões polêmicas, in *Reforma criminal*, São Paulo, Revista dos Tribunais, 2004, p. 446; LUIZ FLÁVIO GOMES e ALICE BIANCHINI, Limites das "anistias" concedidas pela Lei 10.826/2003 aos "possuidores" de armas de fogo, *RT* 826/428; DAMÁSIO E. DE JESUS, Estatuto do Desarmamento: medida provisória pode adiar o início de vigência de norma penal incriminadora?, *RT* 827/496, *Revista Síntese de Direito Penal e Processual Penal*, n. 26, p. 5; e http://jus2.uol.com.br/doutrina/texto.asp?id=5357; VINICIUS DE TOLEDO PIZA PELUSO, Munição e acessórios: uma desproporção explosiva, *RT* 837/398; FERNANDO CAPEZ, Estatuto do Desarmamento (Lei 10.826/2003): infrações de perigo e o princípio da ofensividade, *Revista Magister de Direito Penal e Processual Penal*, n. 9, p. 5, dez./jan. 2006; LUIZ FLÁVIO BORGES D'URSO e RODRIGO AZEVEDO FERRÃO, Descriminalização da posse de armas de fogo, *Revista*

Magister de Direito Penal e Processual Penal, n. 25, p. 8; MARCELO LESSA BASTOS, Estatuto do Desarmamento — não incidência, por ora, de seu art. 12 (posse irregular de arma de fogo de uso permitido), *Boletim IBCCrim*, n. 137, p. 12; MARCELO LESSA BASTOS e RUBENS R. R. CASARA, Estatuto do Desarmamento — uma questão de competência, *Boletim IBCCrim*, n. 141, p. 16; MOACIR MARTINI DE ARAÚJO, Breves considerações sobre a competência para a apuração dos crimes do Estatuto do Desarmamento, *Boletim IBCCrim*, n. 142, p. 9; BRUNO CORRÊA CANGONI, A plena vigência do art. 12 do Estatuto do Desarmamento face a inconstitucionalidade de Medida Provisória em matéria penal, *Boletim IBCCrim*, n. 149, p. 14; PAULO TADEU RODRIGUES ROSA, Estatuto do Desarmamento e as atividades desenvolvidas pelas guardas municipais — aspectos legais e constitucionais, *Boletim IBCCrim*, n. 154, p. 12; EDSON MIGUEL DA SILVA JR., Arma de fogo desmuniciada no Estatuto do Desarmamento, *Boletim IBCCrim*, n. 157, p. 10; EDUARDO CABETTE e FRANCISCO SANNINI, *Tratado de legislação especial criminal*, 2. ed. São Paulo, Mizuno, 2021, p. 58.

OMISSÃO DE CAUTELA

Art. 13. *Deixar de observar as cautelas necessárias para impedir que menor de 18 (dezoito) anos ou pessoa portadora de deficiência mental se apodere de arma de fogo que esteja sob sua posse ou que seja de sua propriedade:*

***Pena** — detenção, de 1 (um) a 2 (dois) anos, e multa.*

➥ Decreto n. 9.845, de 25 de junho de 2019

Regulamenta a Lei n. 10.826/2003, para dispor sobre a aquisição, o cadastro, o registro e a posse de armas de fogo e de munição.

➥ Decreto n. 9.846, de 25 de junho de 2019

Regulamenta a Lei n. 10.826/2003, para dispor sobre o registro, o cadastro e a aquisição de armas e de munições por caçadores, colecionadores e atiradores.

➥ Decreto n. 9.847, de 25 de junho de 2019

Regulamenta a Lei n. 10.826/2003, para dispor sobre a aquisição, o cadastro, o registro, o porte e a comercialização de armas de fogo e de munição e sobre o Sistema Nacional de Armas e o Sistema de Gerenciamento Militar de Armas.

➥ Decreto n. 10.030, de 30 de setembro de 2019

Aprova o Regulamento de Produtos Controlados.

➥ Classificação

É *crime material*, pois não basta à conformação típica que o possuidor ou proprietário, tão somente, deixe de observar as cautelas necessárias para impedir que menor de 18 anos ou pessoa portadora de deficiência mental se apodere da arma de fogo. É necessário que ocorra o efetivo apoderamento da arma de fogo por pessoa menor de 18 anos ou por deficiente mental. Do contrário não restará configurado o crime, nem mesmo na forma tentada, visto tratar-se de crime culposo, que, portanto, não admite tentativa.

Estando a arma em mãos daqueles a quem o tipo penal se refere expressamente em grau de tutela, o perigo de lesão é presumido.

Em sentido contrário, por entender que o crime é de lesão e de mera conduta (negativa): DAMÁSIO E. DE JESUS, *Direito penal do desarmamento*, 5. ed. reformulada, São Paulo, Saraiva, 2005, p. 38.

Entendendo que o crime é de perigo abstrato: CÉSAR DARIO MARIANO DA SILVA, *Estatuto do Desarmamento*, 2. ed., Rio de Janeiro, Forense, 2005, p. 75; RENATO BRASILEIRO DE LIMA, *Legislação criminal especial comentada*, 9. ed., Salvador, JusPodivm, 2021, p. 445.

Trata-se de crime culposo praticado por omissão.

➥ Objeto jurídico da tutela penal

O objeto jurídico da tutela penal é a incolumidade pública, um dos direitos fundamentais previsto expressamente no art. 5º, *caput*, da CF. Também estão submetidos à mesma proteção, em igual intensidade e valoração, a vida e a integridade física do menor de 18 anos e da pessoa portadora de deficiência mental.

Ao contrário do que lecionou DAMÁSIO E. DE JESUS[5], não visualizamos proteção *principal* e *secundária* no art. 13; menos ainda na ordem apresentada pelo saudoso Professor.

Segundo entendemos, a tutela penal recai, indistintamente, sobre a integridade física de qualquer pessoa que não seja o manuseador da arma de fogo, e também sobre os menores de 18 anos e os portadores de deficiência mental que venham ter contato com a arma de fogo lançada ao acaso.

É que estando a arma em mãos de menores, seja criança, seja adolescente, ou de portadores de deficiência mental, há um perigo presumido de que, por dolo ou culpa, do manuseio possa resultar ofensa à integridade física do próprio manuseador ou de outrem, sendo o resultado evitável caso o possuidor ou proprietário da arma de fogo houvesse pautado com as cautelas necessárias.

➥ Sujeito ativo

Trata-se de crime próprio, que só pode ser praticado pelo possuidor ou proprietário da arma de fogo.

---

5 Damásio E. de Jesus, *Direito penal do desarmamento*, 5. ed. reformulada, São Paulo, Saraiva, 2005, p. 38.

Entendendo ser *crime próprio*: FERNANDO CAPEZ, *Estatuto do Desarmamento*, 4. ed., São Paulo, Saraiva, 2006, p. 84; ROBERTO DELMANTO, ROBERTO DELMANTO JUNIOR e FABIO M. DE ALMEIDA DELMANTO, *Leis penais especiais comentadas*, 3. ed., São Paulo, Saraiva, 2018, p. 789; RENATO BRASILEIRO DE LIMA, *Legislação criminal especial comentada*, 9. ed., Salvador, JusPodivm, 2021, p. 442.

Entendendo ser *crime comum*: DAMÁSIO E. DE JESUS, *Direito penal do desarmamento*, 5. ed. reformulada, São Paulo, Saraiva, 2005, p. 39.

Necessário lembrar, como anotou DAMÁSIO E. DE JESUS, que a lei não exige qualquer vinculação especial entre o omitente e o menor ou deficiente mental (tutela, curatela etc.)[6].

➥ Sujeito passivo

A coletividade e, em especial, as crianças, os adolescentes e as pessoas portadoras de deficiência mental, independentemente da idade e do grau de comprometimento mental.

➥ Elemento subjetivo do tipo

O crime do art. 13, *caput*, da Lei n. 10.826/2003 só é punido a título de culpa, na modalidade de negligência. Não há forma dolosa.

Lembrando que para muitos a negligência é expressão suficiente para ministrar todo o substrato da culpa, podendo, assim, as ideias de imprudência e imperícia caber dentro da correspondente à negligência, E. MAGALHÃES NORONHA ensinou que: "É a negligência inação, inércia e passividade. Decorre de inatividade material (corpórea) ou subjetiva (psíquica). Reduz-se a uma conduta ou comportamento negativo. Negligente é quem, podendo e devendo agir de determinado modo, por indolência ou preguiça mental não age ou se comporta de modo diverso; é quem não observa normas de conduta que obrigam à atenção e perspicácia no agir ou atuar, é, em suma, quem omite essas cautelas. Tal omissão não deve necessariamente ser voluntária, no sentido de que imprescindivelmente há de ser omitida diligência ou perspicácia com *advertência* psicológica, mas é suficiente a ausência de poderes ativos quando se tem a obrigação de usá-los"[7].

➥ Tipo objetivo

Para a conformação típica é necessário que o agente tenha deixado de observar as cautelas necessárias visando impedir que menor de 18 anos ou pessoa portadora de

---

6 Damásio E. de Jesus, *Direito penal do desarmamento*, 5. ed. reformulada, São Paulo, Saraiva, 2005, p. 39. No mesmo sentido: César Dario Mariano da Silva, *Estatuto do Desarmamento*, 2. ed., Rio de Janeiro, Forense, 2005, p. 74.

7 E. Magalhães Noronha, *Do crime culposo*, 2. ed., São Paulo, Saraiva, 1966, p. 91-92.

deficiência mental se apodere da arma de fogo que esteja sob sua posse ou que seja de sua propriedade.

A posse pode ser duradoura ou temporária. A mera detenção é suficiente para o tipo em questão.

Trata-se de crime culposo, punido em razão de negligência.

Para a realização do tipo penal é preciso que o agente deixe de adotar as cautelas recomendadas pela experiência e pelo bom senso em relação à arma de fogo, e que dela pessoa menor ou deficiente mental venha, efetivamente, a se apoderar. Sem o apoderamento não há crime.

O possuidor ou proprietário de arma de fogo, sabendo da potencialidade lesiva do instrumento e também da ausência de inibidores de certas condutas a que se lançam facilmente as crianças e os adolescentes, bem como os portadores de deficiência mental, deve adotar todas as cautelas possíveis e imagináveis visando evitar o acesso e mesmo a proximidade destes a qualquer tipo de armamento.

Para os fins do art. 13 a arma poderá ser de uso permitido, restrito ou proibido. Tanto faz. A pena cominada é a mesma.

Se o agente entrega voluntariamente a arma de fogo ao menor ou deficiente mental, diga-se, *dolosamente* (e basta o dolo eventual), a figura típica se desloca, podendo ocorrer crime previsto no art. 14 ou no art. 16, *caput* ou § 1º, V, ambos da Lei n. 10.826/2003, dependendo da hipótese.

↪ Arma de fogo

No glossário constante do Anexo III do Decreto n. 10.030/2019 encontramos a seguinte definição para arma de fogo: "Arma que arremessa projéteis empregando a força expansiva dos gases, gerados pela combustão de um propelente confinado em uma câmara, normalmente solidária a um cano, que tem a função de dar continuidade à combustão do propelente, além de direção e estabilidade ao projétil".

Somente arma de fogo em sentido próprio é que se presta à configuração do crime. Arma imprópria, jamais.

Note-se que o legislador não estabeleceu qualquer limitação. Tanto a arma de fogo de uso *permitido* como a arma de *uso restrito* ou *proibido* servem para a configuração do ilícito.

É preciso não esquecer a possibilidade de concurso de crimes.

↪ Acessório e munição

Não há referência no tipo penal.

A preocupação do legislador, por aqui, concentrou-se na maior potencialidade lesiva da arma de fogo.

Há previsão em relação à munição no art. 19, § 2º, *c*, da Lei das Contravenções Penais.

➥ Art. 19, § 2º, *c*, do Decreto-Lei n. 3.688/41

O art. 19, § 2º, *c*, do Decreto-Lei n. 3.688/41 (Lei das Contravenções Penais), pune com prisão simples, de 15 (quinze) dias a 3 (três) meses, ou multa, quem, *possuindo arma ou munição*, "omite as cautelas necessárias para impedir que dela se apodere facilmente alienado, menor de 18 (dezoito) anos ou pessoa inexperiente em manejá-la".

O dispositivo foi apenas *derrogado* pelo art. 13 da Lei n. 10.826/2003. Subsiste a possibilidade de imputação contravencional em caso de "arma branca" e na hipótese de arma de fogo somente quando a omissão de cautela permitir que pessoa *inexperiente em manejá-la* dela se apodere.

Também subsiste a possibilidade de imputação com relação à munição, nos termos da norma contravencional.

➥ Consumação

O crime somente estará consumado no momento em que o menor de 18 anos ou a pessoa portadora de deficiência mental se apoderar da arma de fogo a que teve acesso em razão da negligência do possuidor ou proprietário.

A conduta que evidencia negligência com as cautelas necessárias, sem o apoderamento da arma por pessoa menor de 18 anos ou deficiente mental, não autoriza imputação penal.

➥ Tentativa

Não é possível, visto tratar-se de crime culposo.

Na lição de Telles Barbosa: "Se, com efeito, a intenção criminosa, certa e determinada, é elemento indispensável à existência jurídica da tentativa, não se pode conceber essa figura nos delitos em que o agente procede sem qualquer intenção, porém, apenas sob a presunção moral de que deveria prever e prevenir o evento criminoso"[8].

"L'essenza propria del conato — diz Pessina — sta nel fine che supera l'evento; l'essenza propria della colpa sta nell'evento che supera il fine. La colpa ed il conato rappresentano un'antitesi perfetta; epperó non possono mai compenetrarsi, escludendosi a vicenda"[9].

➥ Ação penal

Pública incondicionada.

➥ Transação penal

É cabível, considerando o disposto no art. 61 da Lei n. 9.099/95, pois a pena máxima cominada não é superior a 2 (dois) anos.

---

8 Telles Barbosa, *A tentativa em face do novo Código Penal*, 2. ed., São Paulo, Saraiva, 1946, p. 102-103.

9 Enrico Pessina, *Diritto penale*, p. 91, apud Telles Barbosa, op. cit., p. 104.

➥ Suspensão condicional do processo

É cabível.

Se presentes os requisitos de ordem subjetiva será possível ocorrer a suspensão condicional do processo, regulada no art. 89 da Lei n. 9.099/95, pois a pena mínima cominada é igual a 1 (um) ano.

➥ Procedimento em Juízo

Não há procedimento especial para os crimes previstos na Lei n. 10.826/2003.

Segue-se o *procedimento comum, sumaríssimo*, previsto para as infrações penais de menor potencial ofensivo (arts. 77 e s. da Lei n. 9.099/95).

A conclusão decorre do disposto no art. 61 da Lei n. 9.099/95 e do art. 394, § 1º, III, do CPP, pois a pena máxima cominada não é superior a 2 (dois) anos.

➥ Competência

É da Justiça Estadual.

"A Lei n. 10.826/2003 (Estatuto do Desarmamento) visa a melhorar a segurança pública, através do recolhimento de armas de fogo e munições sem os registros pertinentes, tendo como bem jurídico tutelado a segurança pública. Em regra, a competência para processar e julgar os crimes elencados na Lei n. 10.826/2003 é da competência da Justiça Estadual. O fato de o registro de armas ser efetuado no órgão submetido ao Ministério da Justiça, por si só, não enseja o deslocamento da competência para a Justiça Federal, o que revela interesse genérico e reflexo da União, pois não há ofensa a seus bens, serviços ou interesses" (STJ, CC 98.787/RJ, 3ª S., rel. Min. Arnaldo Esteves Lima, j. 26-8-2009, *DJe* de 23-9-2009).

"A jurisprudência desta Corte já se assentou no sentido de que o julgamento dos delitos previstos no Estatuto do Desarmamento é da competência da Justiça estadual. Precedente: CC 98.787/RJ, rel. Min. Arnaldo Esteves Lima, 3ª S., j. 26-8-2009, *DJe* 23-9-2009" (STJ, CC 120.493/RJ, 3ª S., rel. Min. Reynaldo Soares da Fonseca, j. 10-6-2015, *DJe* de 22-6-2015).

No mesmo sentido: STJ, CComp 37.877/SP, 3ª S., rel. Min. Paulo Medina, j. 14-4-2004, *DJU* de 10-5-2004, *RT* 825/550; STJ, CComp 56.209/MA, 3ª S., rel. Min. Laurita Vaz, j. 14-12-2005, *DJ* de 6-2-2006, p. 196; STJ, HC 57.384/RJ, rel. Min. Gilson Dipp, j. 24-4-2006, *DJ* de 28-4-2006, *RT* 830/562.

Em sentido contrário, por entender que a competência é da Justiça Federal: DAMÁSIO E. DE JESUS, *Direito penal do desarmamento*, 5. ed. reformulada, São Paulo, Saraiva, 2005, p. 36.

➥ Pena

Detenção, de 1 (um) a 2 (dois) anos, e multa.

➥ Regime de cumprimento da pena

Observado que a pena cominada é de *detenção*, em caso de condenação não se admite a fixação do regime fechado, devendo ser fixado o regime aberto ou o semiaberto (art. 33, *caput*, do CP) para o início do cumprimento, observadas as diretrizes listadas no art. 59 do CP.

No momento execucional, havendo condenação por mais de um crime, é preciso observar o disposto no art. 111 da Lei n. 7.210/84. A respeito do tema, conferir: Renato Marcão, *Curso de execução penal*, 18. ed., São Paulo, Saraiva, 2021.

➥ Penas restritivas de direitos

Em caso de condenação é possível a substituição da pena privativa de liberdade por restritivas de direitos, observadas as regras do art. 44 do CP.

➥ Prisão em flagrante

É admissível. Entretanto, por se tratar de infração penal de pequeno potencial ofensivo, submete-se ao regramento contido no art. 69, parágrafo único, da Lei n. 9.099/95.

➥ Liberdade provisória, com ou sem fiança

É cabível.

Consultar os arts. 310 e 321 a 350 do CPP.

➥ Prova pericial: eficácia da arma de fogo

A eficácia da arma deve estar provada pericialmente, por força do disposto no art. 158 do CPP. Do contrário não é possível pensar em condenação. É preciso que a capacidade de ofensa ao bem jurídico tutelado esteja demonstrada em laudo pericial fundamentado. É preciso prova técnica da potencialidade lesiva.

Arma que não está apta a efetuar disparo não pode ser considerada *arma*. É imprescindível provar sua aptidão para produzir disparo, a fim de que se possa afirmar a possibilidade de ofensa ao bem jurídico tutelado.

➥ Espingarda de chumbinho

Não é arma de fogo.

➥ Destinação da arma de fogo

As armas de fogo apreendidas, após a elaboração do laudo pericial e sua juntada aos autos, quando não mais interessarem à persecução penal serão encaminhadas pelo juiz competente ao Comando do Exército, no prazo de até 48 (quarenta e oito) horas, para destruição ou doação aos órgãos de segurança pública ou às Forças Armadas, na forma do regulamento da Lei n. 10.826/2003, tal como determina seu art. 25, que regula a doação das armas de fogo e os trâmites daí decorrentes.

***Art. 13.** (...)*

***Parágrafo único.** Nas mesmas penas incorrem o proprietário ou diretor responsável de empresa de segurança e transporte de valores que deixarem de registrar ocorrência policial e de comunicar à Polícia Federal perda, furto, roubo ou outras formas de extravio de arma de fogo, acessório ou munição que estejam sob sua guarda, nas primeiras 24 (vinte quatro) horas depois de ocorrido o fato.*

➥ Tipo objetivo

A conduta punível consiste em deixar o proprietário ou diretor responsável de empresa de segurança e transporte de valores de registrar ocorrência policial *e* de comunicar à Polícia Federal perda, furto, roubo ou outras formas de extravio de arma de fogo, acessório ou munição que estejam sob sua guarda, nas primeiras 24 (vinte quatro) horas *depois de ocorrido o fato*[10].

Duas são as providências que devem ser adotadas. Não basta a comunicação do fato à polícia civil com o registro da ocorrência. É necessário que também se pro-

---

10 Dispõe o art. 7º da Lei n. 10.826/2003: "As armas de fogo utilizadas pelos empregados das empresas de segurança privada e de transporte de valores, constituídas na forma da lei, serão de propriedade, responsabilidade e guarda das respectivas empresas, somente podendo ser utilizadas quando em serviço, devendo essas observar as condições de uso e de armazenagem estabelecidas pelo órgão competente, sendo o certificado de registro e a autorização de porte expedidos pela Polícia Federal em nome da empresa. § 1º O proprietário ou diretor responsável de empresa de segurança privada e de transporte de valores responderá pelo crime previsto no parágrafo único do art. 13 desta Lei, sem prejuízo das demais sanções administrativas e civis, se deixar de registrar ocorrência policial e de comunicar à Polícia Federal perda, furto, roubo ou outras formas de extravio de armas de fogo, acessórios e munições que estejam sob sua guarda, nas primeiras 24 (vinte e quatro) horas depois de ocorrido o fato. § 2º A empresa de segurança e de transporte de valores deverá apresentar documentação comprobatória do preenchimento dos requisitos constantes do art. 4º desta Lei quanto aos empregados que portarão arma de fogo. § 3º A listagem dos empregados das empresas referidas neste artigo deverá ser atualizada semestralmente junto ao Sinarm.

Dispõe o art. 39 do Decreto n. 5.123, de 1º de julho de 2004: "É de responsabilidade das empresas de segurança privada e de transportes de valores a guarda e armazenagem das armas, munições e acessórios de sua propriedade, nos termos da legislação específica. Parágrafo único. A perda, furto, roubo ou outras formas de extravio de arma de fogo, acessório e munições que estejam sob a guarda das empresas de segurança privada e de transporte de valores deverá ser comunicada à Polícia Federal, no prazo máximo de vinte e quatro horas, após a ocorrência do fato, sob pena de responsabilização do proprietário ou diretor responsável".

videncie a comunicação à Polícia Federal. Ausente uma das providências estará configurado o crime[11].

O registro da ocorrência policial e a comunicação à Polícia Federal podem ser feitos diretamente pelo proprietário ou diretor responsável da empresa de segurança e transporte de valores, ou por terceira pessoa em seu nome (procurador, por exemplo), a pedido ou em razão de determinação sua.

É imprescindível, contudo, e sob pena de se admitir persecução penal lastreada em responsabilidade penal objetiva, que o proprietário ou diretor responsável da empresa de segurança e transporte de valores tenha conhecimento do fato. Sem tal conhecimento não haverá a correspondente obrigação de registro e comunicação aos órgãos indicados.

Disso decorre que o prazo de 24 (vinte e quatro) horas não pode ser contado tão somente a partir do momento em que ocorrido o fato ("...depois de ocorrido o fato"). Tal contagem de prazo pressupõe, sempre, que o responsável tenha conhecimento imediato do fato. Em situação diversa, o prazo deverá ser contado a partir do momento em que o responsável tomar *efetivo conhecimento do fato*.

O art. 6º do Decreto n. 9.845/2019 e os arts. 13, 19, II, e 32, § 7º, do Decreto n. 9.847/2019, determinam ao proprietário a obrigação de comunicar, imediatamente após a ciência dos fatos, à polícia judiciária e ao SINARM, o extravio, o furto, o roubo e a recuperação de arma de fogo ou do Certificado de Registro de Arma de Fogo.

➥ Objeto jurídico da tutela penal

A incolumidade pública.

➥ Sujeito ativo

Crime próprio, somente poderá ser praticado pelo proprietário ou diretor responsável pela empresa de segurança e transporte de valores.

➥ Sujeito passivo

É o Estado.

A tutela penal recai sobre o interesse que o Estado-Administração tem em manter atualizados os registros referentes à posse e propriedade de arma de fogo, bem como investigar a prática de crime de furto, roubo, posse ou porte ilegal de arma de fogo.

➥ Elemento subjetivo do tipo

Admite punição por dolo ou culpa. Na modalidade dolosa, basta o dolo genérico. No mais das vezes, entretanto, a persecução penal decorrerá de culpa, na modalidade negligência.

---

11 Em sentido contrário, entendendo que a exigência é de cunho alternativo: Fernando Capez, *Estatuto do Desarmamento*, 4. ed., São Paulo, Saraiva, 2006, p. 87.

Pode o agente, dolosa ou culposamente, deixar de registrar ocorrência policial e de comunicar à Polícia Federal perda, furto, roubo ou outras formas de extravio de arma de fogo, acessório ou munição que estejam sob sua guarda, nas primeiras 24 (vinte quatro) horas depois de ocorrido o fato.

Admitir o contrário teria por consequência tornar a regra praticamente inócua, posto que de difícil demonstração a existência de dolo em casos tais, e é induvidoso que o tipo fundamental só é punível a título de culpa.

Entendendo que não é possível a forma culposa: ROBERTO DELMANTO, ROBERTO DELMANTO JUNIOR e FABIO M. DE ALMEIDA DELMANTO, *Leis penais especiais comentadas*, 3. ed., São Paulo, Saraiva, 2018, p. 792; EDUARDO CABETTE e FRANCISCO SANNINI, *Tratado de legislação especial criminal*, 2. ed., São Paulo, Mizuno, 2021, p. 78.

Nesta mesma linha de orientação, RENATO BRASILEIRO DE LIMA leciona que o crime só é punido a título de dolo, posto que "a omissão do agente em registrar a ocorrência policial ou comunicar à Polícia Federal o extravio da arma de fogo, acessório ou munição, deve ocorrer de maneira intencional" (*Legislação criminal especial comentada*, 9. ed., Salvador, JusPodivm, 2021, p. 447).

➥ Consumação

Com o término do prazo de 24 (vinte e quatro) horas que a lei confere ao proprietário ou diretor responsável pela empresa de segurança e transporte de valores, para registrar a ocorrência policial e comunicar a Polícia Federal a respeito dos fatos.

Quanto ao início da contagem do prazo indicado, ver as anotações referentes ao item "tipo objetivo".

➥ Tentativa

Não é possível, pois se trata de crime omissivo próprio.

Acrescente-se que quando o crime for praticado na modalidade culposa também por essa razão estará afastada a possibilidade de tentativa: não há possibilidade de "tentativa de crime culposo".

➥ Ação penal

Pública incondicionada.

➥ Pena

Detenção, de 1 (um) a 2 (dois) anos, e multa.

➥ Competência

A competência para o processo e julgamento é da Justiça Estadual.

Em sentido contrário, por entenderem que é da Justiça Federal: ROBERTO DELMANTO, ROBERTO DELMANTO JUNIOR e FABIO M. DE ALMEIDA DELMANTO, *Leis penais especiais comentadas*, 3. ed., São Paulo, Saraiva, 2018, p. 791.

➥ Outras observações

Visando evitar o enfaro da repetição sobre a possibilidade de transação penal, suspensão condicional do processo e outros temas, consultar anotações ao *caput* do artigo em análise, visto que a pena cominada para o crime do parágrafo único é a mesma do *caput*.

➥ Doutrina

E. MAGALHÃES NORONHA, *Do crime culposo*, 2. ed., São Paulo, Saraiva, 1966; TELLES BARBOSA, *A tentativa em face do novo Código Penal*, 2. ed., São Paulo, Saraiva, 1946; THALES TÁCITO PONTES LUZ DE PÁDUA CERQUEIRA, Lei 10.826/2003 — questões polêmicas, in *Reforma criminal*, São Paulo, Revista dos Tribunais, 2004, p. 446 a 453; FERNANDO CAPEZ, Estatuto do Desarmamento (Lei 10.826/2003): infrações de perigo e o princípio da ofensividade, *Revista Magister de Direito Penal e Processual Penal*, n. 9, p. 5, dez. 2005/jan. 2006; MOACIR MARTINI DE ARAÚJO, Breves considerações sobre a competência para a apuração dos crimes do Estatuto do Desarmamento, *Boletim IBCCrim*, n. 142, p. 9; THOMAS WLASSAK, Contribuição à delimitação da competência para apuração dos crimes da nova Lei de Armas. Disponível em: http://jus2.uol.com.br/doutrina/texto.asp?id=5129; AZOR LOPES DA SILVA JÚNIOR, Provocando a discussão: a teoria dos crimes omissivos aplicada ao art. 13 do Estatuto do Desarmamento. Disponível em: http://jus2.uol.com.br/doutrina/texto.asp?id=7346; LEONARDO DE MEDEIROS FERNANDES, Sobre o Estatuto do Desarmamento (Lei n. 10.826/2003). Disponível em: http://jus2.uol.com.br/doutrina/texto.asp?id=6187; MARCELO MATIAS PEREIRA, Dos crimes de arma de fogo em espécie. Disponível em: http://jus2.uol.com.br/doutrina/texto.asp?id=5155; EDUARDO CABETTE e FRANCISCO SANNINI, *Tratado de legislação especial criminal*, 2. ed. São Paulo, Mizuno, 2021, p. 71; RENATO BRASILEIRO DE LIMA, *Legislação criminal especial comentada*, 9. ed., Salvador, JusPodivm, 2021, p. 442.

PORTE ILEGAL DE ARMA DE FOGO DE USO PERMITIDO

Art. 14. *Portar, deter, adquirir, fornecer, receber, ter em depósito, transportar, ceder, ainda que gratuitamente, emprestar, remeter, empregar, manter sob guarda ou ocultar arma de fogo, acessório ou munição, de uso permitido, sem autorização e em desacordo com determinação legal ou regulamentar:*

Pena *— reclusão, de 2 (dois) a 4 (quatro) anos, e multa.*

Parágrafo único. *O crime previsto neste artigo é inafiançável, salvo quando a arma de fogo estiver registrada em nome do agente.*

➥ Decreto n. 9.846, de 25 de junho de 2019

Regulamenta a Lei n. 10.826/2003, para dispor sobre o registro, o cadastro e a aquisição de armas e de munições por caçadores, colecionadores e atiradores.

➥ Decreto n. 9.847, de 25 de junho de 2019

Regulamenta a Lei n. 10.826/2003, para dispor sobre a aquisição, o cadastro, o registro, o porte e a comercialização de armas de fogo e de munição e sobre o Sistema Nacional de Armas e o Sistema de Gerenciamento Militar de Armas.

➥ Decreto n. 10.030, de 30 de setembro de 2019

Aprova o Regulamento de Produtos Controlados.

➥ Arma de fogo

No glossário constante do Anexo III do Decreto n. 10.030/2019 encontramos a seguinte definição para arma de fogo: "Arma que arremessa projéteis empregando a força expansiva dos gases, gerados pela combustão de um propelente confinado em uma câmara, normalmente solidária a um cano, que tem a função de dar continuidade à combustão do propelente, além de direção e estabilidade ao projétil".

Somente arma de fogo em sentido próprio é que se presta à configuração do crime. Arma imprópria, jamais.

➥ Arma de fogo de uso permitido

O art. 3º, parágrafo único, I, do Anexo I do Decreto n. 10.030/2019, define como arma de fogo de uso permitido as armas de fogo semiautomáticas ou de repetição que sejam: a) de porte, cujo calibre nominal, com a utilização de munição comum, não atinja, na saída do cano de prova, energia cinética superior a mil e duzentas libras-pé ou mil seiscentos e vinte joules; b) portáteis de alma lisa; ou c) portáteis de alma raiada, cujo calibre nominal, com a utilização de munição comum, não atinja, na saída do cano de prova, energia cinética superior a mil e duzentas libras-pé ou mil seiscentos e vinte joules.

➥ Acessório de arma de fogo

O glossário constante do Anexo III do Decreto n. 10.030/2019 considera acessório de arma de fogo os artefatos listados nominalmente na legislação como Produto Controlado pelo Exército — PCE que, acoplados a uma arma, possibilitam a alteração da configuração normal do armamento, tal como um supressor de som.

➥ Munição

Entende-se por munição o cartucho completo ou seus componentes, incluídos o estojo, a espoleta, a carga propulsora, o projétil e a bucha utilizados em armas de fogo.

Esta definição se encontrava no art. 2º, X, do Decreto n. 9.845/2019, que foi expressamente revogado pelo art. 2º do Decreto n. 10.628/2021, mas não encontramos óbice a que seja adotada.

Muito embora o atual art. 3º do Decreto n. 10.030/2019 forneça as definições de munição de uso restrito e de munição de uso proibido, é certo que não define munição especificamente.

➥ Produtos controlados de uso permitido

O glossário constante do Anexo III do Decreto n. 10.030/2019 define PEC (Produto Controlado pelo Exército) de uso permitido como produto controlado listado nominalmente na legislação como PCE cujo acesso e utilização podem ser autorizados para as pessoas em geral, observada a classificação elaborada pelo Comando do Exército, prevista nos decretos regulamentadores da Lei n. 10.826/2003.

Nos precisos termos do § 3º do art. 15 do Anexo I do Decreto n. 10.030/2019, são produtos controlados de uso permitido os PCE (Produtos Controlados pelo Exército) não relacionados em seus §§ 1º e 2º.

➥ Requisitos legais para adquirir arma de fogo de uso permitido

Consultar os arts. 4º, I, II e III, e 10, § 1º, I, II e III, ambos da Lei n. 10.826/2003, e o art. 15 do Decreto n. 9.847/2019.

Sobre a possibilidade de dispensa das exigências constantes do inciso III do *caput* do art. 4º, verificar o § 8º do mesmo artigo.

Nos precisos termos do art. 28 da Lei n. 10.826/2003, "é vedado ao menor de 25 (vinte e cinco) anos adquirir arma de fogo, ressalvados os integrantes das entidades constantes dos incisos I, II, III, V, VI, VII e X do *caput* do art. 6º desta Lei".

➥ Aquisição de acessórios e munição

A aquisição de munição somente poderá ser feita no calibre correspondente à arma registrada e na quantidade estabelecida no regulamento da Lei n. 10.826/2003, tal como preceitua seu art. 4º, § 2º.

➥ Portaria Interministerial n. 1.634/GM-MD, de 22 de abril de 2020

Estabelece os quantitativos máximos de munições passíveis de aquisição pelos integrantes dos órgãos e instituições previstos nos incisos I a VII e X do *caput* art. 6º da Lei n. 10.826/2003, e pelas pessoas físicas autorizadas a adquirir ou portar arma de fogo, e pelos demais agentes autorizados por legislação especial a portar arma de fogo.

➥ Caçadores, colecionadores e atiradores

O Decreto n. 9.846/2019 regulamenta a Lei n. 10.826/2003, para dispor sobre o registro, o cadastro e a aquisição de armas e de munições por caçadores, colecionadores e atiradores.

Para os fins do disposto no art. 55 do Regulamento instituído pelo Decreto n. 10.030/2019, considera-se caçador a pessoa física registrada no Comando do Exército que realiza o abate de espécies da fauna, em observância às normas de proteção ao meio ambiente.

➥ Residentes em áreas rurais. Caçador para subsistência

Sobre a matéria, o art. 6º, §§ 5º e 6º, da Lei n. 10.826/2003, assim dispõe:

§ 5º Aos residentes em áreas rurais, maiores de 25 (vinte e cinco) anos, que comprovem depender do emprego de arma de fogo para prover sua subsistência alimentar familiar será concedido pela Polícia Federal o porte de arma de fogo, na categoria caçador para subsistência, de uma arma de uso permitido, de tiro simples, com 1 (um) ou 2 (dois) canos, de alma lisa e de calibre igual ou inferior a 16 (dezesseis), desde que o interessado comprove a efetiva necessidade em requerimento ao qual deverão ser anexados os seguintes documentos: I — documento de identificação pessoal; II — comprovante de residência em área rural; e III — atestado de bons antecedentes.

§ 6º O caçador para subsistência que der outro uso à sua arma de fogo, independentemente de outras tipificações penais, responderá, conforme o caso, por porte ilegal ou por disparo de arma de fogo de uso permitido.

➥ Crime de posse ilegal de arma de fogo de uso permitido

Ver o art. 12 da Lei n. 10.826/2003.

➥ Crime de posse ou porte ilegal de arma de fogo de uso restrito ou proibido

Ver o art. 16 da Lei n. 10.826/2003.

➥ Comercialização de arma de fogo, acessório ou munição entre particulares

Ver o art. 4º, § 5º, da Lei n. 10.826/2003.

➥ Constitucionalidade

Não há qualquer inconstitucionalidade no art. 14, *caput*, da Lei n. 10.826/2003.

No mesmo sentido: TJSP, ApCrim 975.176-3/9, 1ª Câm. B do 1º Gr. da S. Crim., rel. Des. Ulysses Gonçalves Júnior, j. 19-10-2007, *Boletim de Jurisprudência do TJSP*, n. 135; TJRJ, ApCrim 2007.050.03804, 7ª Câm., rel. Des. Alexandre H. P. Varella, j. 10-1-2008, *DORJ* de 21-1-2008, *RT* 871/680.

➥ Classificação

Crime comum, vago, formal, de mera conduta, de perigo abstrato, de ação múltipla ou conteúdo variado, comissivo, unissubjetivo; em algumas hipóteses pode ensejar crime permanente e plurissubsistente.

No mesmo sentido: STJ, EREsp 1.005.300/RS, 3ª S., rel. Min. Maria Thereza de Assis Moura, rel. p/ o Acórdão Min. Laurita Vaz, j. 14-8-2013, *DJe* de 19-12-2013; STJ, AgRg no AREsp 861.358/RS, 5ª T., rel. Min. Jorge Mussi, j. 7-8-2018, *DJe* de 17-8-2018; STJ, HC 477.765/SP, 5ª T., rel. Min. Felix Fischer, j. 7-2-2019, *DJe* de 19-2-2019; STJ, AgRg no AREsp 1.748.322/MG, 5ª T., rel. Min. Joel Ilan Paciornik, j. 24-11-2020, *DJe* de 27-11-2020.

➥ Norma penal em branco

O art. 14 da Lei n. 10.826/2003 constitui norma penal em branco.

Sua eficácia está condicionada à existência de outras espécies normativas, dependendo basicamente dos Decretos n. 9.847 e 10.030, ambos de 2019.

"O art. 14 da Lei n. 10.826/2003, por ser norma penal em branco, exige complementação por ato regulador que estabeleça critérios para a penalização das condutas descritas na referida lei" (STJ, RHC 120.565/RJ, 6ª T., rel. Min. Nefi Cordeiro, j. 25-8-2020, *DJe* de 2-9-2020).

➥ Objeto jurídico da tutela penal

É a incolumidade pública; a segurança pública.

Busca-se evitar o cometimento de outros crimes relacionados direta ou indiretamente com porte de arma de fogo.

"É a proteção da segurança coletiva, bem jurídico metaindividual" (STJ, HC 30220/MG, 6ª T., rel. Min. Hamilton Carvalhido, j. 1º-3-2005, *DJU* de 11-4-2005, p. 388).

"O legislador, ao criminalizar o porte clandestino de armas, preocupou-se, essencialmente, com o risco que a posse ou o porte de armas de fogo, à deriva do controle estatal, representa para bens jurídicos fundamentais, tais como a vida, o patrimônio, a integridade física, entre outros, levando em consideração que o porte, usualmente, constitui ato preparatório (delito de preparação) para diversas condutas mais graves, quase todas dotadas com a relevante contingência de envolver violência contra a pessoa. Assim, antecipando a tutela penal, pune essas condutas antes mesmo que representem qualquer lesão ou perigo concreto" (STJ, EREsp 1.005.300/RS, 3ª S., rel. Min. Maria Thereza de Assis Moura, rel. p/ o Acórdão Mina. Laurita Vaz, j. 14-8-2013, *DJe* de 19-12-2013).

No mesmo sentido: STJ, EDecl no RHC 17.561/DF, 6ª T., rel. Min. Hamilton Carvalhido, j. 21-2-2006, *DJU* de 8-5-2006, p. 296; TJSP, Ap. 00965555.3/0-0000-000, 11ª Câm. do 6º Gr. da S. Crim., rel. Des. Antonio Manssur, j. 4-7-2007, *RT* 866/633; TJSP, ApCrim 975.176-3/9, 1ª Câm. B do 1º Gr. da S. Crim., rel. Des. Ulysses Gonçalves Júnior, j. 19-10-2007, *Boletim de Jurisprudência do TJSP*, n. 135.

➥ Sujeito ativo

Qualquer pessoa.

Trata-se de crime comum. O legislador não exige qualquer qualidade especial do autor.

"O agente que é surpreendido por policiais, em via pública, trazendo consigo revólver sem registro e sem autorização de porte comum, comete o crime" (*RT* 788/575).

"O crime previsto no art. 14 da Lei n.10.826/2003 é comum, podendo ser cometido por qualquer pessoa. Não se exigindo qualquer qualidade especial do sujeito ativo, não há dúvidas de que se admite o concurso de agentes no crime de porte ilegal de arma de fogo" (STJ, AgRg no AREsp 861.358/RS, 5ª T., rel. Min. Jorge Mussi, j. 7-8-2018, *DJe* de 17-8-2018).

"Extrai-se da redação do art. 14, *caput*, do Estatuto do Desarmamento, que não se exige, no crime de porte de arma de uso permitido, condição especial do sujeito ativo ou que a conduta seja praticada pessoal e exclusivamente por um único agente para o aperfeiçoamento da figura delitiva. Cuida-se, no caso, de crime unissubjetivo, que, embora possa ser praticado pelo agente individualmente, não é refratário ao concurso eventual de pessoas" (STJ, HC 477.765/SP, 5ª T., rel. Min. Felix Fischer, j. 7-2-2019, *DJe* de 19-2-2019).

➥ Sujeito passivo

É a coletividade; a sociedade.

No mesmo sentido: EDUARDO CABETTE e FRANCISCO SANNINI, *Tratado de legislação especial criminal*, 2. ed., São Paulo, Mizuno, 2021, p. 89; DAMÁSIO E. DE JESUS, *Direito penal do desarmamento*, 5. ed. reformulada, São Paulo, Saraiva, 2005, p. 45.

➥ Elemento subjetivo do tipo

É o dolo, direto ou eventual. Basta o dolo genérico.

Não há forma culposa.

No mesmo sentido: GUILHERME DE SOUZA NUCCI, *Leis penais e processuais penais comentadas*, 13. ed., Rio de Janeiro, Forense, v. 2, 2020, p. 30; RENATO BRASILEIRO DE LIMA, *Legislação criminal especial comentada*, 9. ed., Salvador, JusPodivm, 2021, p. 453.

➥ Tipo objetivo

Trata-se de crime de ação múltipla ou de conteúdo variado (*RT* 767/535).

É possível praticar o crime de porte ilegal de arma de fogo, acessório ou munição de uso permitido, previsto no art. 14 da Lei n. 10.826/2003, mediante a realização de um dos 13 (treze) verbos descritos na norma penal incriminadora, quais sejam: 1) *portar*; 2) *deter*; 3) *adquirir*; 4) *fornecer*; 5) *receber*; 6) *ter* em depósito; 7) *transportar*; 8) *ceder*, ainda que gratuitamente; 9) *emprestar*; 10) *remeter*; 11) *empregar*; 12) *manter* sob guarda; ou 13) *ocultar*.

A prática de dois ou mais verbos descritos, em um só contexto, tipifica crime único.

"Para a configuração do crime de porte ilegal de arma de fogo é necessária a existência da arma de fogo, visto que o indivíduo deve estar portando-a ou tê-la ao alcance para o uso" (STJ, CC 99.530/PB, 3ª S., rel. Min. Arnaldo Esteves Lima, j. 26-8-2009, *DJe* de 23-9-2009).

"A jurisprudência desta Corte Superior é pacífica no sentido de que, para a caracterização do delito previsto no art. 14 da Lei n. 10.826/2003, por ser de perigo abstrato e de mera conduta, e por colocar em risco a incolumidade pública, basta a prática de um dos núcleos do tipo penal, sendo desnecessária a realização de perícia (AgRg no AgRg no AREsp n. 664.932/SC, Min. Felix Fischer, 5ª T. *DJe* 10-2-2017)" (STJ, AgRg no REsp 1.709.398/BA, 5ª T., rel. Min. Reynaldo Soares da Fonseca, j. 6-3-2018, *DJe* de 14-3-2018).

"É típica a conduta de quem detém, em local diverso do da residência ou do trabalho, o porte de arma de fogo registrada (art. 14 da Lei n. 10.826/2003)" (STJ, AgRg no REsp 1.883.364/DF, 5ª T., rel. Min. João Otávio de Noronha, j. 9-12-2020, *DJe* de 14-12-2020).

"Permanece hígida a jurisprudência do Superior Tribunal de Justiça, bem como a do Supremo Tribunal Federal, no sentido de que a posse de munição, mesmo desacompanhada de arma apta a deflagrá-la, continua a preencher a tipicidade penal, não podendo ser considerada atípica a conduta" (STJ, AgRg no HC 594.431/SP, 5ª T., rel. Min. Reynaldo Soares da Fonseca, j. 1º-12-2020, *DJe* de 7-12-2020).

➥ Ações nucleares do tipo penal

É bem verdade que muitas vezes a interpretação gramatical pura e simples pode não indicar o sentido jurídico do verbo, notadamente para fins penais. Por aqui, entretanto, procuramos apresentar algumas variantes encontradas no léxico, conforme seguem, que possibilitam melhor compreensão de cada uma das condutas descritas no tipo penal, inclusive com uma visão prática, tomando por base a realidade da lida forense.

Portar

"Ter consigo (algo) enquanto se movimenta; levar, carregar" (Antônio Houaiss, *Dicionário Houaiss da língua portuguesa*, Rio de Janeiro, Objetiva, 2001, p. 2266).

"Se a arma estava no interior de um veículo, estacionado na rua, a conduta praticada pelo réu não é a de 'posse', mas sim de porte de arma de fogo" (TJPR, ApCrim 0421248-8, 2ª CCrim., rel. Des. Noeval de Quadros, *DJ* de 6-9-2007).

Deter

"Reter em seu poder; ter a posse legítima ou ilegítima de alguma coisa; prender, suster" (Antônio Houaiss, *Dicionário Houaiss da língua portuguesa*, Rio de Janeiro, Objetiva, 2001, p. 1022).

Adquirir

"Entrar na posse de algum bem, através de contrato legal ou não; tornar-se proprietário, dono de; obter; conseguir (bem material) através de compra" (Antônio Houaiss, *Dicionário Houaiss da língua portuguesa*, Rio de Janeiro, Objetiva, 2001, p. 90).

Fornecer

"Auxiliar doando armamentos, equipamentos etc.; fortificar; guarnecer; equipar; pôr (algo) ao alcance de (outrem); proporcionar; facilitar; dar" (Antônio Houaiss, *Dicionário Houaiss da língua portuguesa*, Rio de Janeiro, Objetiva, 2001, p. 1376).

Receber

"Readquirir a posse de; recobrar; reaver; obter como recompensa ou favor, ou ainda por merecimento; chegar às mãos de (alguém) ou aceitar (algo que lhe é enviado, oferecido, entregue etc.) por (alguém)" (Antônio Houaiss, *Dicionário Houaiss da língua portuguesa*, Rio de Janeiro, Objetiva, 2001, p. 2398).

***Ter* em depósito**

É o mesmo que conservar ou manter à sua disposição, sob sua guarda.

Transportar

"Levar ou conduzir (seres animados ou coisas) a (determinado lugar); carregar" (Antônio Houaiss, *Dicionário Houaiss da língua portuguesa*, Rio de Janeiro, Objetiva, 2001, p. 2753).

***Ceder*, ainda que gratuitamente**

"Transferir (a alguém) posse ou direito sobre (algo); colocar (algo) à disposição de (outrem) por tempo limitado" (Antônio Houaiss, *Dicionário Houaiss da língua portuguesa*, Rio de Janeiro, Objetiva, 2001, p. 664).

Emprestar

"Pôr à disposição; ceder temporariamente; tomar por empréstimo" (Antônio Houaiss, *Dicionário Houaiss da língua portuguesa*, Rio de Janeiro, Objetiva, 2001, p. 1128).

Remeter

"Fazer seguir (algo) para determinado lugar; enviar; expedir; mandar" (Antônio Houaiss, *Dicionário Houaiss da língua portuguesa*, Rio de Janeiro, Objetiva, 2001, p. 2425).

Empregar

"Fazer uso de; utilizar; aplicar" (Antônio Houaiss, *Dicionário Houaiss da língua portuguesa*, Rio de Janeiro, Objetiva, 2001, p. 1128).

***Manter* sob guarda**

É o mesmo que ter sob seu cuidado ou vigilância, porém em nome de terceiro.

Ocultar

Significa esconder, com o objetivo de não permitir a localização.

➥ Elemento normativo

Em qualquer das modalidades típicas previstas é necessário observar o elemento normativo do tipo, pois a configuração do ilícito exige, em complemento, que a conduta tenha sido praticada "sem autorização e em desacordo com determinação legal ou regulamentar".

Havendo autorização, ou estando a conduta em conformidade com determinação legal ou regulamentar, ainda que praticado um dos verbos do tipo, é forçoso reconhecer a atipicidade.

"O art. 14 da Lei n. 10.826/2003, por ser norma penal em branco, exige complementação por ato regulador que estabeleça critérios para a penalização das condutas descritas na referida lei" (STJ, RHC 120.565/RJ, 6ª T., rel. Min. Nefi Cordeiro, j. 25-8-2020, *DJe* de 2-9-2020).

➥ Vender

O art. 14 da Lei n. 10.826/2003 não tipifica o verbo *vender*. É preciso, diante do caso concreto, que se faça justa adequação em face de outro verbo previsto, pois antes da venda o agente necessariamente deverá ter praticado qualquer das demais condutas reguladas.

Em sentido contrário, entendendo que *vender* não configura crime algum: "Cessão e venda se diferenciam quanto ao seu objeto. Enquanto esta é o ato jurídico pelo qual o alienante transfere, ao adquirente, o domínio de certa coisa, aquela é o ato jurídico pelo qual o cedente transfere, ao cessionário, créditos ou direitos. Havendo omissão do legislador, já que não consta entre as ações nucleares típicas do artigo 14 da Lei n. 10.826/2003 o verbo vender, aquele que vende arma de uso permitido não responde por crime algum" (TJRJ, ApCrim 4.832/2006, 7ª CCrim, rel. Des. Maurilio Passos Braga, j. 5-12-2006).

Necessário não perder de vista, ainda, o disposto nos arts. 16, § 1º, V, e 17, *caput*, ambos da Lei n. 10.826/2003.

➥ Porte *versus* posse

Porte e *posse* são condutas inconfundíveis, absolutamente distintas, estando bem delineadas na Lei n. 10.826/2003.

"Não se pode confundir posse de arma de fogo com o porte de arma de fogo. Com o advento do Estatuto do Desarmamento, tais condutas restaram bem delineadas. A posse consiste em manter no interior de residência (ou dependência desta) ou no local de trabalho a arma de fogo. O porte, por sua vez, pressupõe que a arma de fogo esteja fora da residência ou local de trabalho" (STJ, HC 53.144/PR, 5ª T., rel. Min. Felix Fischer, j. 23-5-2006, *DJU* de 7-8-2006, *RT* 854/564).

No mesmo sentido: STJ, ROHC 18.630/SP, 5ª T., rel. Min. Felix Fischer, j. 4-4-2006, *DJU* de 15-5-2006, p. 243; STJ, ROHC 18.268/SP, 5ª T., rel. Min. Laurita Vaz, j. 11-4-2006, *DJU* de 8-5-2006, p. 240, *RT* 851/482; STJ, RHC 19.757/SP, 5ª T., rel. Min. Laurita Vaz, j. 10-10-2006, *DJU* de 13-11-2006, p. 274.

➥ Arma no interior de automóvel

Configura o crime.

"Estando o réu a portar arma de fogo sem autorização legal ou regulamentar em local de fácil acesso, como o interior do automóvel no qual circula, não há falar em *posse*" (TJMG, Ap 1.0079.04.170259-2/001, 2ª CCrim, rel. Des. Herculano Rodrigues, j. 4-8-2005).

"Se a arma estava no interior de um veículo, estacionado na rua, a conduta praticada pelo réu não é a de 'posse', mas sim de porte de arma de fogo" (TJPR, ApCrim 0421248-8, 2ª CCrim., rel. Des. Noeval de Quadros, *DJ* de 6-9-2007).

➥ Transportar

Configura o crime.

"Constitui decorrência lógica o dever de o proprietário, em ocorrendo qualquer circunstância suscetível de alterar os dados cadastrais da arma — tal qual o é a sua localização –, informar a alteração ao Sistema Nacional de Armas — SINARM, conduzindo, pois, dita omissão, em tese, ao ilícito de transporte ilegal, na hipótese de a arma ser apreendida em local diverso daqueloutro consignado no registro pelo adquirente, que não mais possui autorização para o porte" (STJ, ROHC 11.059/SP, 6ª T., rel. Min. Hamilton Carvalhido, j. 2-8-2001, *DJU* de 18-2-2002, *RT* 802/517).

➥ Detenção momentânea de arma de fogo

Configura o crime.

Para que se tenha por configurado o crime, é indiferente saber se o agente tinha ou não *animus* de assenhoreamento definitivo da arma de fogo, acessório ou munição.

➥ Objeto material

Constitui objeto material do crime previsto no art. 14 da Lei n. 10.826/2003: a *arma de fogo*, o *acessório* ou a *munição* de uso permitido.

➥ Arma de fogo de uso permitido, com a numeração raspada, suprimida ou adulterada

Portar arma de fogo de uso permitido, com a numeração raspada, suprimida ou adulterada, configura o crime do art. 16, § 1º, IV, da Lei n. 10.826/2003.

➥ Consumação

Com a prática efetiva de qualquer das condutas previstas.

Basta a prática de qualquer dos verbos listados, em desacordo com as regras tipificadas.

"Para a configuração do crime de porte ilegal de arma de fogo é necessária a existência da arma de fogo, visto que o indivíduo deve estar portando-a ou tê-la ao alcance para o uso" (STJ, CC 99.530/PB, 3ª S., rel. Min. Arnaldo Esteves Lima, j. 26-8-2009, *DJe* de 23-9-2009).

➥ Tentativa

Mesmo em se tratando de crime formal, é possível cogitar da forma tentada, por exemplo, na modalidade "adquirir", em que se admite imaginar fracionamento do *iter criminis* (crime plurissubsistente).

Como lembra Fernando Capez: "podemos vislumbrar o caso do agente que está adquirindo um revólver no exato instante em que chega a Polícia e o prende em flagrante" (*Estatuto do Desarmamento*, 4. ed. atual., São Paulo, Saraiva, 2006, p. 94).

Cuidando do assunto em sua conhecida obra, a dificuldade de configuração da tentativa foi bem analisada por Damásio E. de Jesus e exposta nos seguintes termos: "Em alguns casos, é admissível. Na prática, entretanto, sua ocorrência é difícil, uma vez que o legislador pune como executórios de crime consumado atos que, regra geral, são meramente preparatórios de condutas mais graves. Assim, v.g., o agente impedido de remeter a arma, caso em que haveria tentativa de remessa, é punido pelo porte, guarda ou depósito. Nem há conveniência de punir-se a tentativa. Tratando-se de crimes de lesão, em que o legislador antecipa a punição, geralmente há uma conduta anterior que configura delito consumado, prescindindo-se de apenar-se o fato a título de tentativa" (*Direito penal do desarmamento*, 5. ed. reformulada, São Paulo, Saraiva, 2005, p. 77).

➥ Ação penal

Pública incondicionada.

➥ Transação penal

É inadmissível. A pena máxima cominada é superior a 2 (dois) anos (*v.* art. 61 da Lei n. 9.099/95).

➥ Suspensão condicional do processo

É incogitável. A pena mínima cominada é superior a 1 (um) ano, não atendendo ao requisito objetivo estabelecido no art. 89 da Lei n. 9.099/95.

➥ Procedimento em Juízo

Não há procedimento especial para os crimes previstos na Lei n. 10.826/2003.

Segue-se o rito *comum, ordinário* (art. 394, § 1º, I, do CPP), previsto nos arts. 396 a 405 do CPP.

➥ Competência

É da Justiça Estadual.

"A Lei n. 10.826/2003 (Estatuto do Desarmamento) visa a melhorar a segurança pública, através do recolhimento de armas de fogo e munições sem os registros pertinentes, tendo como bem jurídico tutelado a segurança pública. Em regra, a competência para processar e julgar os crimes elencados na Lei n. 10.826/2003 é da competência da Justiça Estadual. O fato de o registro de armas ser efetuado no órgão submetido ao Ministério da Justiça, por si só, não enseja o deslocamento da competência para a Justiça Federal, o que revela interesse genérico e reflexo da União, pois não há ofensa a seus bens, serviços ou interesses" (STJ, CC 98.787/RJ, 3ª S., rel. Min. Arnaldo Esteves Lima, j. 26-8-2009, *DJe* de 23-9-2009).

"A jurisprudência desta Corte já se assentou no sentido de que o julgamento dos delitos previstos no Estatuto do Desarmamento é da competência da Justiça estadual. Precedente: CC 98.787/RJ, rel. Min. Arnaldo Esteves Lima, 3ª S., j. 26-8-2009, *DJe* 23-9-2009" (STJ, CC 120.493/RJ, 3ª S., rel. Min. Reynaldo Soares da Fonseca, j. 10-6-2015, *DJe* de 22-6-2015).

Em sentido contrário, por entender que a competência é da Justiça Federal: DAMÁSIO E. DE JESUS, *Direito penal do desarmamento*, 5. ed. reformulada, São Paulo, Saraiva, 2005, p. 82.

➥ Crime praticado por servidor público federal

"A circunstância de o delito de porte ilegal de arma de fogo ter sido praticado por servidor público federal não atrai a competência da Justiça Federal para processamento e julgamento do feito, pois se trata de conduta que não ofende bens, serviços ou interesses da União, conforme preceitua o art. 109, IV, da CF, ainda que o funcionário público estivesse no exercício regular de suas funções" (STF, HC 83.580-5/MG, 1ª T., rel. Min. Joaquim Barbosa, j. 8-6-2004, *DJU* de 6-8-2004, *RT* 829/501).

➥ Pena

Reclusão, de 2 (dois) a 4 (quatro) anos, e multa.

Dispõe o art. 20 da Lei n. 10.826/2003: "Nos crimes previstos nos arts. 14, 15, 16, 17 e 18, a pena é aumentada da metade se: I — forem praticados por integrantes dos órgãos e empresas referidas nos arts. 6º, 7º e 8º desta Lei; ou II — o agente for reincidente específico em crimes dessa natureza".

➥ Porte de arma qualificado pela reincidência

Em sua redação original a Lei n. 10.826/2003 não contemplou tipo penal de porte ilegal de arma de fogo agravado pela reincidência, ao contrário do que ocorria na vigência da Lei n. 9.437/97 (art. 10, § 3º, IV). No ponto, ocorreu *novatio legis in mellius* (*lex mitior*).

Contudo, a Lei n. 13.964/2019 deu nova redação ao art. 20 da Lei n. 10.826/2003, para dizer que, nos crimes tipificados nos arts. 14, 15, 16, 17 e 18, a pena é aumentada de metade se o agente for reincidente específico em crimes dessa natureza.

➥ Regime de cumprimento da pena

Em caso de condenação, a pena de reclusão poderá ser cumprida no regime aberto, semiaberto ou fechado, atendidas as disposições dos arts. 59 e 33 do CP.

"Favoráveis as circunstâncias judiciais, é admissível a aplicação do regime semiaberto ao reincidente condenado a pena inferior a 4 (quatro) anos (Súmula 269)" (STJ, HC 45.956/SP, 6ª T., rel. Min. Nilson Naves, j. 11-4-2006, *DJU* de 22-5-2006, p. 253; STJ, HC 35.582/PR, 6ª T., rel. Min. Hamilton Carvalhido, j. 17-11-2005, *DJU* de 6-2-2006, p. 336).

"A exasperação da resposta penal em função do poder de fogo da arma, a consequencializar maior reprovabilidade da conduta, é circunstância em nada estranha ao elenco do artigo 59 do Código Penal" (STJ, HC 35.582/PR, 6ª T., rel. Min. Hamilton Carvalhido, j. 17-11-2005, *DJU* de 6-2-2006, p. 336).

No momento da execução penal, havendo condenação por mais de um delito, é preciso observar o disposto no art. 111 da Lei n. 7.210/84. A respeito do tema, conferir: Renato Marcão, *Curso de execução penal*, 18. ed., São Paulo, Saraiva, 2021.

➥ Penas restritivas de direitos

Nos moldes do art. 44 do CP, é possível a substituição da pena privativa de liberdade aplicada por restritivas de direitos.

➥ Arma de brinquedo

Não se presta à configuração de ilícito penal previsto na Lei n. 10.826/2003.

"A Lei 10.826/2003, que revogou expressamente a Lei 9.437/97, não prevê a incriminação da conduta de utilização da arma de brinquedo para o fim de cometimento de crimes. Trata-se, assim, de exemplo acabado de *abolitio criminis* (art. 2º, *caput*, CP)"

(SJT, REsp 631.354/RS, 5ª T., rel. Min. Felix Fischer, j. 16-12-2004, *DJU* de 21-2-2005, *RT* 836/493).

"A Lei n. 10.286/2003 — Estatuto do Desarmamento — revogou expressamente a Lei n. 9.437/1997 e, por não existir na novel legislação qualquer conduta típica equivalente ao delito de uso de arma de brinquedo como simulacro para cometer crime, é forçoso reconhecer a *abolitio criminis* (art. 2º do Código Penal)" (STJ, HC 36.725/SP, 5ª T., rel. Min. Laurita Vaz, j. 21-10-2004, *DJU* de 29-11-2004, p. 363).

➥ Arma desmuniciada

Para a configuração do crime previsto no art. 14 da Lei n. 10.826/2003 é irrelevante o fato de a arma encontrar-se desmuniciada.

"A objetividade jurídica da norma penal transcende a mera proteção da incolumidade pessoal, para alcançar também a tutela da liberdade individual e do corpo social como um todo, asseguradas ambas pelo incremento dos níveis de segurança coletiva que a Lei propicia. Mostra-se irrelevante, no caso, cogitar-se da eficácia da arma para a configuração do tipo penal em comento, isto é, se ela está ou não municiada ou se a munição está ou não ao alcance das mãos, porque a hipótese é de crime de perigo abstrato, para cuja caracterização desimporta o resultado concreto da ação" (STF, RHC 90.197/DF, 1ª T., rel. Min. Ricardo Lewandowski, j. 9-6-2009, *Informativo do STF*, n. 550).

"É entendimento pacífico desta Corte Superior de Justiça que, para a configuração do delito previsto no art. 14 da Lei 10.826/2003, basta que o agente porte arma de fogo sem autorização ou em desacordo com a determinação legal, o que torna irrelevante o fato de a arma encontrar-se desmuniciada. Precedentes do STJ e STF" (STJ, HC 61.761/DF, 6ª T., rel. convocado Min. Carlos Fernando Mathias, j. 21-8-2007, *DJU* de 17-9-2007, *RT* 867/559).

"A circunstância de a arma estar desmuniciada não pode excluir a tipicidade, sob o singelo argumento de que não acarretaria lesão a qualquer bem jurídico. Entende-se como suficiente para a configuração do delito de porte ilegal de arma de fogo, previsto no art. 14, da Lei n. 10.826/2003, tão somente o porte do armamento sem a devida autorização da autoridade competente. Precedentes. Ordem denegada" (STJ, HC 49.142/DF, 5ª T., rel. Min. Gilson Dipp, j. 4-4-2006, *DJU* de 2-5-2006, p. 355).

"A objetividade jurídica, *in casu*, é a segurança, que se desdobra em níveis e comporta lesão. É que, nos tipos mistos alternativos, excluídos os casos de atipicidade absoluta, as ações que o integram não devem ser interpretadas isoladamente, não havendo como exigir-se o municiamento da arma de fogo, se o ilícito se caracteriza só com o porte de munição" (STJ, EDecl no RHC 17.561/DF, 6ª T., rel. Min. Hamilton Carvalhido, j. 21-2-2006, *DJU* de 8-5-2006, p. 296).

"Malgrado o precedente único em sentido contrário, surgido por votação majoritária (3x2) da Primeira Turma do Excelso Pretório, a jurisprudência consolidada nesta Corte é de que se configura o crime de porte ilegal, ainda que a arma esteja desmuniciada" (STJ, HC 44.279/PE, 5ª T., rel. Min. Laurita Vaz, j. 6-12-2005, *DJU* de 13-2-2006, p. 835).

No mesmo sentido: STF, HC 91.853/SP, 2ª T., rel. Min. Eros Grau, j. 6-10-2009, *DJe* de 28-10-2009; STJ, AgRg no AREsp 1.748.322/MG, 5ª T., rel. Min. Joel Ilan Paciornik, j. 24-11-2020, *DJe* de 27-11-2020; STJ, HC 62.742/DF, 5ª T., rel. Min. Arnaldo Esteves Lima, j. 17-10-2006, *DJ* de 6-11-2006, p. 355; STJ, RHC 20.136/SC, 5ª T., rel. Min. Laurita Vaz, j. 10-10-2006, *DJ* de 13-11-2006, p. 275, *RT* 857/558; STJ, HC 56.358/RJ, 6ª T., rel. Min. Maria Thereza de Assis Moura, *DJ* de 26-11-2007, p. 250; STJ, REsp 1.193.805/SP, 6ª T., rel. Min. Sebastião Reis Júnior, j. 15-12-2011, *DJe* de 11-4-2012; STJ, HC 484.484/RS, 6ª T., rel. Min. Rogério Schietti Cruz, j. 2-4-2019, *DJe* de 8-4-2019.

Em sentido contrário: "Arma desmuniciada ou sem possibilidade de pronto municiamento não configura o delito previsto no art. 14 da Lei 10.826/2003" (STF, HC 9.811/SP, 2ª T., rel. orig. Min. Ellen Gracie, red. p/ o acórdão Min. Eros Grau, j. 9-6-2009. *Informativo do STF*, n. 550).

"O fato de a arma de fogo encontrar-se desmuniciada torna atípica a conduta prevista no art. 14 da Lei 10.826/2003. Com base nesse entendimento, a Turma, por maioria, deferiu *habeas corpus* impetrado em favor de condenado pela prática do crime de porte ilegal de arma de fogo de uso permitido (Lei 10.826/2003, art. 14), haja vista que a arma encontrava-se desmuniciada. Vencida a Min. Ellen Gracie, relatora, que, por reputar típica a conduta em tela, indeferia o *writ*" (STF, HC 99.449/MG, 2ª T., rel. orig. Min. Ellen Gracie, red. p/ o acórdão Min. Cezar Peluso, j. 25-8-2009, *Informativo STF*, n. 557).

"A arma, para ser arma, há de ser eficaz; caso contrário, de arma não se cuida. Tal é o caso de arma de fogo sem munição, que, não possuindo eficácia, não pode ser considerada arma" (STJ, HC 86.624/MS, 6ª T., rel. Min. Nilson Naves, j. 13-10-2009, *DJe* de 18-12-2009; *Revista Bonijuris*, n. 555, p. 28).

No mesmo sentido: TJSP, ApCrim. 1.097.045-3/2, 3ª Câm. do 2º Gr. da S. Crim., rel. Des. Walter de Almeida Guilherme, j. 11-9-2007, *Boletim de Jurisprudência do TJSP*, n. 134; TJSP, Ap. 1466243/7-00, 7ª Câm., rel. Des. Ivan Marques, j. 14-4-2005, *RT* 837/592; TAPR, Ap. 150.433-6, 3ª Câm., rel. convocado Juiz Renato Naves Barcellos, j. 16-5-2000, *RT* 787/709.

➥ Arma desmontada

A circunstância de encontrar-se desmontada a arma quando da apreensão não impede a tipificação legal, desde que provada a eficácia do instrumento.

Tanto isso é verdade que o art. 14 buscou incriminar não só o porte de arma, mas também de acessório e munição, sem autorização e em desacordo com determinação legal ou regulamentar, a demonstrar a preocupação do legislador com a potencialidade lesiva do instrumento, *independentemente de estar em condição de pronto uso*.

"Tratando-se de transporte de arma de fogo, desmuniciada e desmontada, armazenada em sacola, na carroceria de caminhonete, comprovadamente apta a efetuar disparos, não há falar em atipicidade tendo em conta a redação abrangente do art. 14 do Estatuto do Desarmamento" (STJ, HC 56.358/RJ, 6ª T., rel. Min. Maria Thereza de Assis Moura, *DJ* de 26-11-2007, p. 250).

"O porte ilegal de arma de fogo não depende de lesão ou perigo concreto para caracterizar sua tipicidade, pois o objeto jurídico tutelado não é a incolumidade física, e sim a segurança pública e a paz social, colocados em risco com a posse ou o porte de armas à deriva do controle estatal, mostrando-se irrelevante, portanto, o fato de a arma estar desmuniciada ou desmontada para a configuração do crime" (STJ, AgRg no AREsp 190.443/SC, 5ª T., rel. Min. Laurita Vaz, j. 2-10-2012, *DJe* de 9-10-2012).

Portar munição ou acessório, nas condições do tipo penal em testilha, mesmo que desacompanhado de arma de fogo, é crime, e é incontroverso que o acessório e a munição, sem a arma de fogo, ficam sem condição de pronto uso para efeito de causar lesão física.

➥ Munição desacompanhada de arma

Para a configuração do crime tipificado no art. 14 da Lei n. 10.826/2003, na modalidade "portar munição", é prescindível a apreensão de arma de fogo com semelhante calibre. "O porte ilegal de munição, ainda que desacompanhada de arma de fogo, configura o crime do art. 14 da Lei n. 10.826/2003, delito de perigo abstrato que presume a ocorrência de risco à segurança pública e prescinde de resultado naturalístico à integridade de outrem para ficar caracterizado" (STJ, HC 484.484/RS, 6ª T., rel. Min. Rogério Schietti Cruz, j. 2-4-2019, *DJe* de 8-4-2019).

"Nos crimes de perigo abstrato, dentre eles o previsto no art. 14 da Lei n. 10.826/2003, presume-se que o agente, ao realizar a conduta descrita na norma incriminadora, expõe o bem jurídico tutelado a risco, prescindindo de demonstração de efetiva situação de perigo. Assim, ao contrário do que sustenta o agravante, o porte de munição, mesmo que desacompanhado da correspondente arma de fogo, configura conduta típica" (STJ, AgRg no AREsp 1.748.322/MG, 5ª T., rel. Min. Joel Ilan Paciornik, j. 24-11-2020, *DJe* de 27-11-2020).

"Permanece hígida a jurisprudência do Superior Tribunal de Justiça, bem como a do Supremo Tribunal Federal, no sentido de que a posse de munição, mesmo desacompanhada de arma apta a deflagrá-la, continua a preencher a tipicidade penal, não podendo ser considerada atípica a conduta" (STJ, AgRg no HC 594.431/SP, 5ª T., rel. Min. Reynaldo Soares da Fonseca, j. 1º-12-2020, *DJe* de 7-12-2020).

➥ Porte de munição. Princípio da insignificância

Acertadamente, os tribunais têm admitido a incidência do princípio da insignificância quando diante de apreensão de pequena quantidade de munição desacompanhada de arma de fogo, além de outras circunstâncias atinentes ao caso concreto.

"O Direito Penal, regido pelo princípio da intervenção mínima, deve ocupar-se da proteção dos bens jurídicos mais valorosos e necessários à vida em sociedade, intervindo somente quando os demais ramos do direito não forem capazes de fazê-lo. É utilizado, portanto, como *ultima ratio*. Em virtude de seu caráter fragmentário e subsidiário, a persecução penal pressupõe não apenas a subsunção da conduta ao tipo (tipicidade formal), mas também a existência da tipicidade material. Nesse contexto, à luz do Princípio da Insignificância, far-se-á a averiguação da tipicidade material da conduta, mediante um juízo conglobante do fato e da periculosidade do agente" (STF, HC 197.530/PB, rel. Min. Edson Fachin, j. 10-2-2021).

"A jurisprudência deste Superior Tribunal de Justiça aponta que os crimes previstos nos arts. 12, 14 e 16 da Lei n. 10.826/2003 são de perigo abstrato, sendo desnecessário perquirir sobre a lesividade concreta da conduta, porquanto o objeto jurídico tutelado não é a incolumidade física e sim a segurança pública e a paz social, colocadas em risco com a posse de munição, ainda que desacompanhada de arma de fogo, revelando-se despicienda a comprovação do potencial ofensivo do artefato através de laudo pericial. Por esses motivos, via de regra, inaplicável, nos termos da jurisprudência desta Corte, o princípio da insignificância aos crimes de posse e de porte de arma de fogo ou munição, sendo irrelevante inquirir a quantidade de munição apreendida. Não obstante, vale lembrar, no ponto, que esta Corte acompanhou a nova diretriz jurisprudencial do Supremo Tribunal Federal que passou a admitir a incidência do princípio da insignificância na hipótese da posse de pequena quantidade de munição, desacompanhada de armamento hábil a deflagrá-la. Saliente-se, contudo, que, para que exista, de fato, a possibilidade de incidência do princípio da insignificância, deve-se examinar o caso concreto, afastando-se o critério meramente matemático" (STJ, AgRg no REsp 1.872.425/SC, 5ª T., rel. Min. Ribeiro Dantas, j. 6-10-2020, *DJe* de 16-10-2020).

"Neste caso, o paciente e os corréus foram flagrados na posse de 25 (vinte e cinco) cartuchos calibre 36 desacompanhados da arma de fogo correspondente. Assim, reconhecida a inocorrência de ofensa à incolumidade pública, deve ser afastada a tipicidade material do fato, conquanto seja a conduta formalmente típica" (STJ, HC 552.001/SP, 5ª T., rel. Min. Reynaldo Soares da Fonseca, j. 4-2-2020, *DJe* de 12-2-2020).

"A jurisprudência dos Tribunais Superiores reconheceu ser possível aplicar o princípio da insignificância na hipótese de apreensão de pequena quantidade de munição (em regra, de uso permitido) desacompanhada de arma de fogo, tendo concluído pela total inexistência de perigo à incolumidade pública. Na hipótese foram apreendidas com o paciente, 9 munições (7 calibre .36 e 2 calibre. 22)" (STJ, AgRg no HC 617.446/MS, 5ª T., rel. Min. Reynaldo Soares da Fonseca, j. 3-11-2020, *DJe* de 16-11-2020).

"A Segunda Turma do Supremo Tribunal Federal posicionou-se no sentido de desconsiderar a potencialidade lesiva, na hipótese em que pouca munição é apreendida desacompanhada de arma de fogo (RHC n. 143.449/MS, rel. Min. Ricardo Lewandowski, 2ª T., *DJe* 9-10-2017)" (STJ, AgRg no REsp 1.841.320/SP, 6ª T., rel. Min. Sebastião Reis Júnior, j. 10-3-2020, *DJe* de 16-3-2020).

"Ainda que formalmente típica, a apreensão de 10 munições de calibre .38, desacompanhada de arma de fogo, não é capaz de lesionar ou mesmo ameaçar o bem jurídico tutelado" (STJ, AgRg no REsp 1.853.920/SC, 6ª T., rel. Min. Nefi Cordeiro, j. 16-6-2020, *DJe* de 23-6-2020). "No caso, como se tratam de dez munições, deverá, sim, ser afastada a tipicidade material da conduta" (STJ, RCD no HC 542.965/ES, 6ª T., rel. Min. Sebastião Reis Júnior, j. 19-5-2020, *DJe* de 28-5-2020).

Nos processos adiante listados, o Superior Tribunal de Justiça também aplicou o princípio da insignificância, em relação às quantidades indicadas:

1 munição: STJ, AgRg no REsp 1.841.147/RS, 6ª T., rel. Min. Sebastião Reis Júnior, j. 25-8-2020, *DJe* de 2-9-2020.

2 munições: STJ, AgRg no HC 554.858/SC, 5ª T., rel. Min. Ribeiro Dantas, j. 12-5-2020, *DJe* de 18-5-2020; STJ HC 613.195/MG, 5ª T., rel. Min. Reynaldo Soares da Fonseca, j. 1º-12-2020, *DJe* de 7-12-2020.

3 munições: STJ, AgRg no REsp 1.836.712/MG, 5ª T., rel. Min. Ribeiro Dantas, j. 15-9-2020, *DJe* de 21-9-2020; STJ, AgRg no HC 582.549/RJ, 6ª T., rel. Min. Nefi Cordeiro, j. 18-8-2020, *DJe* de 26-8-2020.

5 munições: STJ, AgRg no HC 628.2112/SP, 5ª T., rel. Min. Reynaldo Soares da Fonseca, j. 1-12-2020, *DJe* de 7-12-2020.

6 munições: STJ, AgRg no AREsp 1.566.516/RS, 6ª T., rel. Min. Nefi Cordeiro, j. 4-2-2020, *DJe* de 10-2-2020.

7 munições: STJ, AgRg no REsp 1.828.540/SP, 5ª T., rel. Min. Jorge Mussi, j. 22-10-2019, *DJe* de 11-11-2019; STJ, AgRg no AREsp 1.573.030/SP, 6ª T., rel. Min. Nefi Cordeiro, j. 4-2-2020, *DJe* de 10-3-2020.

8 munições: STJ, AgRg no HC 545.374/SP, 6ª T., rel. Min. Nefi Cordeiro, j. 3-3-2020, *DJe* de 9-3-2020.

9 munições: STJ, AgRg no REsp 1.831.447/MG, 6ª T., rel. Min. Antonio Saldanha Palheiro, j. 22-10-2019, *DJe* de 11-11-2019.

10 munições: STJ, AgRg no REsp 1.853.920/SC, 6ª T., rel. Min. Nefi Cordeiro, j. 16-6-2020, *DJe* de 23-6-2020; STJ, RCD no HC 542.965/ES, 6ª T., rel. Min. Sebastião Reis Júnior, j. 19-5-2020, *DJe* de 28-5-2020.

11 munições: STJ, AgRg no HC 496.066/SC, 6ª T., rel. Min. Sebastião Reis Júnior, j. 11-4-2019, *DJe* de 26-4-2019.

16 munições: STJ, AgRg no HC 514.866/MS, 5ª T., rel. Min. Ribeiro Dantas, j. 27-8-2019, *DJe* de 2-9-2019.

25 munições: STJ, HC 552.001/SP, 5ª T., rel. Min. Reynaldo Soares da Fonseca, j. 4-2-2020, *DJe* de 12-2-2020.

↪ Necessidade de prova pericial

É imprescindível que se prove pericialmente a eficácia da arma, do acessório ou da munição que constitui objeto material do crime, por força do disposto no art. 158 do CPP, para que se tenha demonstrada a potencialidade lesiva, a capacidade de ofensa ao bem jurídico tutelado.

Arma que não está apta a efetuar disparo não pode ser considerada *arma* para os fins do art. 14 da Lei n. 10.826/2003. É preciso provar sua aptidão para produzir disparo.

Acessório sem condição de uso eficaz também não enseja a conformação típica, tanto quanto a munição sem capacidade lesiva não pode ser considerada *munição* para efeito penal.

Arma, acessório ou munição sem aptidão à finalidade a que se destina não enseja imputação penal relacionada ao art. 14 do Estatuto do Desarmamento.

Por mais forte razão, quando provada "por perícia a inaptidão da arma para produzir disparos, não há que se falar em tipicidade da conduta" (STJ, AgInt no REsp 1.788.547/RN, 5ª T., rel. Min. Reynaldo Soares da Fonseca, j. 2-4-2019, *DJe* de 16-4-2019).

A jurisprudência do Superior Tribunal de Justiça segue consolidada "no sentido da atipicidade da conduta perpetrada, diante da ausência de afetação do bem jurídico incolumidade pública, tratando-se de crime impossível pela ineficácia absoluta do meio (REsp n. 1.451.397/MG, rel. Min. Maria Thereza de Assis Moura, 6ª T. *DJe* 1º-10-2015)" (STJ, AgRg no REsp 1.709.398/BA, 5ª T., rel. Min. Reynaldo Soares da Fonseca, j. 6-3-2018, *DJe* de 14-3-2018).

"Não há que falar na configuração do crime se o agente porta arma de fogo sem potencialidade ofensiva, pois aquele tipo tutela, como bem jurídico, a incolumidade da coletividade" (*RT* 772/590).

"Para a comprovação da existência do crime e de porte ilegal de arma é indispensável o exame pericial que ateste a aptidão da arma apreendida. Isto porque, como pacificamente assentado na jurisprudência, não se pode falar na caracterização do delito previsto na Lei n. 10.826/2003, se a arma de fogo apreendida não tem potencialidade ofensiva. O tipo penal tutela, como bem jurídico, a incolumidade da coletividade, a qual não estaria sujeita a nenhuma lesão" (TJRS, Ap. 70.013.038.658, 7ª CCrim, j. 1-12-2005, rel. Des. Sylvio Baptista Neto).

No mesmo sentido: STF, HC 97.209/SC, 1ª T., rel. Min. Marco Aurélio, j. 16-3-2010; TJSP, Ap. 321.008.3/9-00, 5ª CCrim. rel. Des. José Damião Pinheiro Machado Cogan, j.

20-9-2001, *RT* 796/586; TJRJ, ApCrim 4.339/2202, 5ª CCrim. rel. Des. Marly Macedônio Franca, j. 11-6-2003; TJRS, Ap. 70.012.492.997, 7ª CCrim, rel. Des. Sylvio Baptista Neto, j. 13-10-2005.

Nada obstante a literalidade do art. 158 do CPP, nas Cortes Superiores há decisões em sentido contrário ao que entendemos correto, conforme demonstram as ementas que seguem transcritas:

"É desnecessária a realização de perícia para a configuração do crime de porte ilegal de arma" (STF, HC 95.271/RS, 2ª T., rel. Min. Ellen Gracie, j. 28-4-2009, *Informativo STF*, n. 544).

"Tratando-se de crime de perigo abstrato, é prescindível a realização de laudo pericial para atestar a potencialidade lesiva da arma apreendida e, por conseguinte, caracterizar o crime de porte ilegal de arma de fogo. Precedentes do Supremo Tribunal Federal" (STJ, EREsp 1.005.300/RS, 3ª S., rel. Min. Maria Thereza de Assis Moura, rel. p/ o Acórdão Min. Laurita Vaz, j. 14-8-2013, *DJe* de 19-12-2013).

"O porte de arma de fogo, acessório ou munição é delito de perigo abstrato, tendo como objeto jurídico a segurança coletiva, não exigindo comprovação da potencialidade lesiva do armamento ou munição" (STJ, AgRg no REsp 1.557.290/MG, 6ª T., rel. Min. Rogério Schietti Cruz, j. 26-4-2016, *DJe* de 2-5-2016).

"Tratando-se de crime de perigo abstrato, é prescindível a realização de laudo pericial para atestar a potencialidade da arma apreendida e, por conseguinte, caracterizar o crime de porte ilegal de arma de fogo" (STJ, AgRg no AREsp 1.388.977/SE, 6ª T., rel. Min. Laurita Vaz, j. 25-6-2019, *DJe* de 2-8-2019).

"A jurisprudência recente desta Corte é pacífica no sentido de que, para a caracterização dos delitos previstos no art. 14 da Lei n. 10.826/2003, por ser de perigo abstrato e de mera conduta, e por colocar em risco a incolumidade pública, basta a prática dos núcleos 'ter em posse' ou 'portar' sem a devida autorização legal, sendo prescindível a realização de perícia (precedentes)' (STJ, AgRg no AgRg no AREsp 664.932/SC, 5ª T., rel. Min. Felix Fischer, j. 15-12-2016, *DJe* de 10-2-2017).

"Esta Corte possui entendimento pacífico no sentido de que o tipo penal de posse ou porte ilegal de arma de fogo caracteriza-se como delito de mera conduta ou de perigo abstrato, sendo irrelevante a demonstração de seu efetivo caráter ofensivo. Provada, todavia, por perícia a inaptidão da arma para produzir disparos, não há que se falar em tipicidade da conduta" (STJ, AgInt no REsp 1.788.547/RN, 5ª T., rel. Min. Reynaldo Soares da Fonseca, j. 2-4-2019, *DJe* de 16-4-2019).

➥ Parágrafo único do art. 14. Cabimento de fiança

O Plenário do Supremo Tribunal Federal declarou inconstitucional a vedação à fiança expressa no parágrafo único do art. 14 da Lei n. 10.826/2003, nos termos da ementa que a seguir transcrevemos em parte, conforme segue:

"Relativamente aos parágrafos únicos dos arts. 14 e 15 da Lei n. 10.868/2003, que proíbem o estabelecimento de fiança, respectivamente, para os crimes de porte ilegal de arma de fogo de uso permitido e de disparo de arma de fogo, considerou-se desarrazoada a vedação, ao fundamento de que tais delitos não poderiam ser equiparados a terrorismo, prática de tortura, tráfico ilícito de entorpecentes ou crimes hediondos (CF, art. 5º, XLIII). Asseverou-se, ademais, cuidar-se, na verdade, de crimes de mera conduta que, embora impliquem redução no nível de segurança coletiva, não podem ser igualados aos crimes que acarretam lesão ou ameaça de lesão à vida ou à propriedade. Quanto ao art. 21 da lei impugnada, que prevê serem insuscetíveis de liberdade provisória os delitos capitulados nos arts. 16 (posse ou porte ilegal de arma de fogo de uso restrito), 17 (comércio ilegal de arma de fogo) e 18 (tráfico internacional de arma de fogo), entendeu-se haver afronta aos princípios constitucionais da presunção de inocência e do devido processo legal (CF, art. 5º, LVII e LXI). Ressaltou-se, no ponto, que, não obstante a interdição à liberdade provisória tenha sido estabelecida para crimes de suma gravidade, liberando-se a franquia para os demais delitos, a Constituição não permite a prisão *ex lege*, sem motivação, a qual viola, ainda, os princípios da ampla defesa e do contraditório (CF, art. 5º, LV). Vencidos, parcialmente, os Ministros Carlos Britto, Gilmar Mendes e Sepúlveda Pertence, que julgavam improcedente o pedido formulado quanto aos parágrafos únicos dos arts. 14 e 15, e o Min. Marco Aurélio, que o julgava improcedente quanto ao parágrafo único do art. 15 e, em relação ao art. 21, apenas quanto à referência ao art. 16. O Tribunal, por unanimidade, julgou, ainda, improcedente o pedido quanto aos arts. 2º, X; 5º, §§ 1º, 2º e 3º; 10; 11, II; 12; 23, §§ 1º, 2º e 3º; 25, parágrafo único; 28; 29 e ao parágrafo único do art. 32, e declarou o prejuízo da ação em relação ao art. 35, todos da Lei n. 10.826/2003" (*Informativo STF* n. 465, de 9-5-2007, relativo a ações diretas de inconstitucionalidade relatadas pelo Ministro Ricardo Lewandowski, atinentes a dispositivos do Estatuto do Desarmamento (ADIs 3.112/DF, 3.137/DF, 3.198/DF, 3.263/DF, 3.518/DF, 3.535/DF, 3.586/DF, 3.600/DF, 3.788/DF e 3.814/DF).

Normas que Autorizam o Porte de Arma de Fogo para Determinadas Profissões e Atividades

➥ Integrantes das Forças Armadas

Art. 6º, I, da Lei n. 10.826/2003.

Dispõe o § 1º do art. 6º do mesmo Estatuto que "as pessoas previstas nos incisos I, II, III, V e VI do *caput* deste artigo terão direito de portar arma de fogo de propriedade particular ou fornecida pela respectiva corporação ou instituição, mesmo fora de serviço, nos termos do regulamento desta Lei, com validade em âmbito nacional para aquelas constantes dos incisos I, II, V e VI".

Os integrantes das Forças Armadas e os servidores dos órgãos, instituições e corporações mencionados nos incisos II, V, VI e VII do *caput* do art. 6º da Lei n.

10.826/2003, quando transferidos para a reserva remunerada ou aposentados, para conservarem a autorização de porte de arma de fogo de sua propriedade deverão submeter-se, a cada dez anos, aos testes de avaliação psicológica a que faz menção o inciso III do *caput* do art. 4º da Lei n. 10.826/2003, conforme determina o art. 30 do Decreto n. 9.847/2019.

➥ Polícia federal

Art. 6º, II, da Lei n. 10.826/2003, c/c o art. 144, I, da CF.

Dispõe o § 1º do art. 6º da Lei n. 10.826/2003 que "as pessoas previstas nos incisos I, II, III, V e VI do *caput* deste artigo terão direito de portar arma de fogo de propriedade particular ou fornecida pela respectiva corporação ou instituição, mesmo fora de serviço, nos termos do regulamento desta Lei, com validade em âmbito nacional para aquelas constantes dos incisos I, II, V e VI".

Quando transferidos para a reserva remunerada ou aposentados, para conservarem a autorização de porte de arma de fogo de sua propriedade deverão submeter-se, a cada dez anos, aos testes de avaliação psicológica a que faz menção o inciso III do *caput* do art. 4º da Lei n. 10.826/2003, conforme determina o art. 30 do Decreto n. 9.847/2019.

➥ Polícia rodoviária federal

Art. 6º, II, da Lei n. 10.826/2003, c/c o art. 144, II, da CF.

Dispõe o § 1º do art. 6º da Lei n. 10.826/2003 que "as pessoas previstas nos incisos I, II, III, V e VI do *caput* deste artigo terão direito de portar arma de fogo de propriedade particular ou fornecida pela respectiva corporação ou instituição, mesmo fora de serviço, nos termos do regulamento desta Lei, com validade em âmbito nacional para aquelas constantes dos incisos I, II, V e VI".

Quando transferidos para a reserva remunerada ou aposentados, para conservarem a autorização de porte de arma de fogo de sua propriedade deverão submeter-se, a cada dez anos, aos testes de avaliação psicológica a que faz menção o inciso III do *caput* do art. 4º da Lei n. 10.826/2003, conforme determina o art. 30 do Decreto n. 9.847/2019.

➥ Polícia ferroviária federal

Art. 6º, II, da Lei n. 10.826/2003, c/c o art. 144, III, da CF.

Dispõe o § 1º do art. 6º da Lei n. 10.826/2003 que "as pessoas previstas nos incisos I, II, III, V e VI do *caput* deste artigo terão direito de portar arma de fogo de propriedade particular ou fornecida pela respectiva corporação ou instituição, mesmo fora de serviço, nos termos do regulamento desta Lei, com validade em âmbito nacional para aquelas constantes dos incisos I, II, V e VI".

Quando transferidos para a reserva remunerada ou aposentados, para conservarem a autorização de porte de arma de fogo de sua propriedade deverão submeter-se, a cada dez anos, aos testes de avaliação psicológica a que faz menção o inciso III do *caput* do art. 4º da Lei n. 10.826/2003, conforme determina o art. 30 do Decreto n. 9.847/2019.

➥ Polícias civis

Art. 6º, II, da Lei n. 10.826/2003, c/c o art. 144, IV, da CF.

Dispõe o § 1º do art. 6º da Lei n. 10.826/2003 que "as pessoas previstas nos incisos I, II, III, V e VI do *caput* deste artigo terão direito de portar arma de fogo de propriedade particular ou fornecida pela respectiva corporação ou instituição, mesmo fora de serviço, nos termos do regulamento desta Lei, com validade em âmbito nacional para aquelas constantes dos incisos I, II, V e VI".

Quando transferidos para a reserva remunerada ou aposentados, para conservarem a autorização de porte de arma de fogo de sua propriedade deverão submeter-se, a cada dez anos, aos testes de avaliação psicológica a que faz menção o inciso III do *caput* do art. 4º da Lei n. 10.826/2003, conforme determina o art. 30 do Decreto n. 9.847/2019.

➥ Policiais militares e corpos de bombeiros militares

Art. 6º, II, da Lei n. 10.826/2003, c/c o art. 144, V, da CF.

Dispõe o § 1º do art. 6º da Lei n. 10.826/2003 que "as pessoas previstas nos incisos I, II, III, V e VI do *caput* deste artigo terão direito de portar arma de fogo de propriedade particular ou fornecida pela respectiva corporação ou instituição, mesmo fora de serviço, nos termos do regulamento desta Lei, com validade em âmbito nacional para aquelas constantes dos incisos I, II, V e VI".

Quando transferidos para a reserva remunerada ou aposentados, para conservarem a autorização de porte de arma de fogo de sua propriedade deverão submeter-se, a cada dez anos, aos testes de avaliação psicológica a que faz menção o inciso III do *caput* do art. 4º da Lei n. 10.826/2003, conforme determina o art. 30 do Decreto n. 9.847/2019.

➥ Guardas municipais

Com fundamento no art. 10, § 3º, da Lei n. 9.868/99, e no art. 21, V, do RISTF, no dia 29 de junho de 2018 o Ministro Alexandre de Moraes concedeu medida cautelar na Ação Direta de Inconstitucionalidade n. 5.948/DF e determinou a suspensão da eficácia das expressões "das capitais dos Estados e com mais de 500.000 (quinhentos mil) habitantes", constantes nos incisos III e IV do art. 6º da Lei n. 10.826/2003.

No dia 26 de fevereiro de 2021, por maioria de votos, o Plenário do Supremo Tribunal Federal julgou parcialmente procedentes as Ações Diretas de Inconstitucionalidade n. 5.948 e 5.538, e tornou definitiva a medida cautelar deferida pelo relator, Ministro Alexandre de Moraes na ADI n. 5.948/DF.

Esta decisão autoriza que todos os integrantes de guardas municipais do país tenham direito ao porte de arma de fogo, independentemente do tamanho da população do Município, de modo a afastar as restrições anteriormente determinadas pelo art. 6º, II e IV, do Estatuto do Desarmamento.

↪ Agentes operacionais da Agência Brasileira de Inteligência

Art. 6º, V, da Lei n. 10.826/2003.

Dispõe o § 1º do art. 6º do mesmo Estatuto que "as pessoas previstas nos incisos I, II, III, V e VI do *caput* deste artigo terão direito de portar arma de fogo de propriedade particular ou fornecida pela respectiva corporação ou instituição, mesmo fora de serviço, nos termos do regulamento desta Lei, com validade em âmbito nacional para aquelas constantes dos incisos I, II, V e VI".

Necessário, ainda, que se observe o disposto no § 2º do art. 6º do mesmo Estatuto.

↪ Agentes do Departamento de Segurança do Gabinete de Segurança Institucional da Presidência da República

Art. 6º, V, da Lei n. 10.826/2003.

Dispõe o § 1º do art. 6º do mesmo Estatuto que "as pessoas previstas nos incisos I, II, III, V e VI do *caput* deste artigo terão direito de portar arma de fogo de propriedade particular ou fornecida pela respectiva corporação ou instituição, mesmo fora de serviço, nos termos do regulamento desta Lei, com validade em âmbito nacional para aquelas constantes dos incisos I, II, V e VI".

Necessário, ainda, que se observe o disposto no § 2º do art. 6º do mesmo Estatuto.

↪ Polícia da Câmara dos Deputados

Art. 6º, VI, da Lei n. 10.826/2003.

Dispõe o § 1º do art. 6º do mesmo Estatuto que "as pessoas previstas nos incisos I, II, III, V e VI do *caput* deste artigo terão direito de portar arma de fogo de propriedade particular ou fornecida pela respectiva corporação ou instituição, mesmo fora de serviço, nos termos do regulamento desta Lei, com validade em âmbito nacional para aquelas constantes dos incisos I, II, V e VI".

Necessário, ainda, que se observe o disposto no § 2º do art. 6º do mesmo Estatuto.

↪ Polícia do Senado Federal

Art. 6º, VI, da Lei n. 10.826/2003.

Dispõe o § 1º do art. 6º do mesmo Estatuto que "as pessoas previstas nos incisos I, II, III, V e VI do *caput* deste artigo terão direito de portar arma de fogo de propriedade particular ou fornecida pela respectiva corporação ou instituição, mesmo fora de serviço, nos termos do regulamento desta Lei, com validade em âmbito nacional para aquelas constantes dos incisos I, II, V e VI".

Necessário, ainda, que se observe o disposto no § 2º do art. 6º do mesmo Estatuto.

➥ Integrantes do quadro efetivo dos agentes e guardas prisionais

Art. 6º, VII, da Lei n. 10.826/2003.

Necessário, ainda, que se observe o disposto no § 2º do art. 6º do mesmo Estatuto.

➥ Integrantes das escoltas de presos

Art. 6º, VII, da Lei n. 10.826/2003.

Necessário, ainda, que se observe o disposto no § 2º do art. 6º do mesmo Estatuto.

➥ Guardas portuárias

Art. 6º, VII, da Lei n. 10.826/2003.

Necessário, ainda, que se observe o disposto no § 2º do art. 6º do mesmo Estatuto.

➥ Integrantes de empresas de segurança privada e de transporte de valores

Art. 6º, VIII, da Lei n. 10.826/2003, observadas as regras do art. 7º, §§ 1º a 3º, do mesmo Estatuto.

➥ Integrantes de entidades de desporto legalmente constituídas, cujas atividades desportivas demandem o uso de armas de fogo

Art. 6º, IX, da Lei n. 10.826/2003.

"As armas de fogo utilizadas em entidades desportivas legalmente constituídas devem obedecer às condições de uso e de armazenagem estabelecidas pelo órgão competente, respondendo o possuidor ou o autorizado a portar a arma pela sua guarda na forma do regulamento desta Lei" (art. 8º do mesmo Estatuto).

Sobre "tiro desportivo", consultar os arts. 51 a 54 do Anexo I do Decreto n. 10.030/2019.

➥ Integrantes das Carreiras de Auditoria da Receita Federal, Auditoria-Fiscal do Trabalho, cargos de Auditor-Fiscal e Analista Tributário

Art. 6º, X, da Lei n. 10.826/2003.

Necessário, ainda, que se observe o disposto no § 2º do art. 6º do mesmo Estatuto.

➥ Membros do Poder Judiciário, Ministério Público, CNJ e CNMP

O art. 6º, XI, da Lei n. 10.826/2003, dispõe sobre o porte de arma para "os tribunais do Poder Judiciário descritos no art. 92 da CF e os Ministérios Públicos da União e dos Estados, para uso exclusivo de servidores de seus quadros pessoais que efetivamente estejam no exercício de funções de segurança, na forma de regulamento a ser emitido pelo Conselho Nacional de Justiça — CNJ e pelo Conselho Nacional do Ministério Público — CNMP".

➥ Membros do Poder Judiciário

Art. 33, V, da Lei Complementar n. 35/79 (Lei Orgânica da Magistratura Nacional).

➥ Membros do Ministério Público

Art. 42 da Lei n. 8.625/93 (Lei Orgânica Nacional do Ministério Público).

"O Estatuto do Desarmamento (Lei n. 10.826/2003) não dispensa o registro de arma de fogo nem a comprovação de capacidade técnica para seu manuseio, inclusive para agentes que possuem autorização legal para o porte ou a posse de arma. Precedentes" (STJ, AgInt no REsp 1.776.691/PE, 1ª T., rel. Min. Gurgel de Faria, j. 16-9-2019, *DJe* de 20-9-2019).

➥ Residentes em áreas rurais

Art. 6º, § 5º, da Lei n. 10.826/2003.

"Aos residentes em áreas rurais, maiores de 25 (vinte e cinco) anos, que comprovem depender do emprego de arma de fogo para prover sua subsistência alimentar familiar será concedido pela Polícia Federal o porte de arma de fogo, na categoria caçador para subsistência, de uma arma de uso permitido, de tiro simples, com 1 (um) ou 2 (dois) canos, de alma lisa e de calibre igual ou inferior a 16 (dezesseis), desde que o interessado comprove a efetiva necessidade em requerimento ao qual deverão ser anexados os seguintes documentos: I — documento de identificação pessoal; II — comprovante de residência em área rural; e III — atestado de bons antecedentes".

➥ Responsáveis pela segurança de cidadãos estrangeiros em visita ou sediados no Brasil

Nos precisos termos do art. 9º da Lei n. 10.826/2003, compete ao Ministério da Justiça a autorização do porte de arma.

➥ Registro e concessão de porte de trânsito de arma de fogo para colecionadores, atiradores e caçadores e de representantes estrangeiros em competição internacional oficial de tiro realizada no território nacional

Na dicção do art. 3º, parágrafo único, XII, *a*, do Anexo I do Decreto n. 10.030/2019, considera-se porte de trânsito o direito concedido aos colecionadores, aos atiradores e aos caçadores registrados junto ao Comando do Exército, para transitar com armas de fogo registradas em seus respectivos acervos, com os acessórios e munições necessários às práticas previstas nos arts. 42, 52 e 55 do Anexo I do Decreto n. 10.030/2019.

Generalidades

➥ Desconhecimento da lei: inviabilidade da tese

É inviável a tese, pois "é de conhecimento geral a necessidade de autorização para o porte de arma" (TJSP, Ap. 0006400-80.2008.8.26.0024, 2ª CCrim, rel. Des. Almeida Sampaio, j. 17-1-2011).

A alegação de desconhecimento da lei não beneficia o agente, notadamente em se tratando de crime relacionado a arma de fogo, acessório e munição, cujo tema foi submetido a referendo popular, levado a ampla discussão em todas as camadas sociais, debatido e divulgado por todos os meios de comunicação.

"A tese da defesa de que o réu desconhecia integralmente a legislação sobre armas de fogo, diante de sua condição pessoal muito simples e sem muita escolaridade, não merece lograr êxito, pois ninguém pode escusar-se da aplicação da lei alegando ignorância, conforme prevê o art. 3º da LICC [hoje, LINDB], tendo aplicabilidade o princípio *exceptio ignorantiae juris*" (TJSP, Ap. 289.697.3/0-00, 7ª Câm. de janeiro/2000, rel. Des. Djalma Lofrano, j. 19-1-2000, *RT* 776/580).

No mesmo sentido: TJSP, Ap. 990.10.291241-8, 1ª CCrim, rel. Des. Péricles Piza, j. 6-12-2010.

➥ Estado de necessidade

"O artigo 24 do Código Penal considera 'em estado de necessidade quem pratica o fato para salvar de perigo atual, que não provocou por sua vontade, nem podia de outro modo evitar, direito próprio ou alheio, cujo sacrifício, nas circunstâncias, não era razoável exigir-se'. Assim, faz-se mister, para a caracterização dessa causa excludente da ilicitude, a inexistência de outra forma de evitar o sacrifício, ou seja, que não houvesse outro meio para que o réu pudesse ter segurança. O risco decorrente da violência urbana não é atual, mas eventual, e o armar-se para fazer frente à criminalidade que a todos atinge indistintamente não é aceitável (*JTJ* 235/159). A lei estabelece os parâmetros para a legal posse de arma, que não foram atendidos pelo acusado" (TJSP, Ap 0083464 73.2010.8.26.0000, 6ª CCrim, rel. Des. José Raul Gavião de Almeida, j. 3-3-2011).

"Não se aplica a figura do estado de necessidade ao agente que, surpreendido em via pública na posse de arma de fogo municiada e sem registro, alega o porte do artefato em razão de ter sido vítima de assalto, mormente se o alegado infortúnio ocorreu há certo lapso de tempo, não preenchendo, portanto, os requisitos legais para reconhecimento da excludente de ilicitude" (TJSP, Ap. 484.654.3/6-0000-000, 5ª Câm. da Seção Criminal, rel. Des. José Damião Pinheiro Machado Cogan, j. 20-10-2005, *RT* 846/569).

➥ Legítima defesa: inviabilidade da tese

"Alegação de que o porte da arma ocorria em situação de legítima defesa putativa, pois sempre visou à defesa própria frente a ameaças genericamente recebidas e, também, em face da elevada criminalidade dos bairros em que vivia e laborava o acusado — Inadmissibilidade: a excludente de ilicitude (ou antijuridicidade) da legítima defesa exige prova cabal de que a ameaça sofrida é atual ou iminente, sendo inviável seu reconhecimento nas hipóteses em que a agressão é futura e incerta. Ademais, o intuito de autoproteção individual não pode ser exercido em desconformidade com as normas referentes ao porte e posse de armas de fogo, já em face do interesse público subjacente a esta relação" (TJSP, ApCrim 00945631-3/1-0000-000, 11ª Câm. do 6º Gr. da S. Crim., rel. Des. Aben-Athar, j. 16-1-2008, *RT* 871/567).

➥ Violência doméstica e familiar contra a mulher

Constatada a prática de violência doméstica e familiar contra a mulher, nos termos do art. 22, I, da Lei n. 11.340/2006, o juiz poderá aplicar, de imediato, ao agressor, dentre outras medidas protetivas de urgência, a suspensão da posse ou restrição do porte de armas, com comunicação ao órgão competente, nos termos da Lei n. 10.826/2003.

Dispõe o § 2º do mesmo artigo que, "na hipótese de aplicação do inciso I, encontrando-se o agressor nas condições mencionadas no *caput* e incisos do art. 6º da Lei n. 10.826, de 22 de dezembro de 2003, o juiz comunicará ao respectivo órgão, corporação ou instituição as medidas protetivas de urgência concedidas e determinará a restrição do porte de armas, ficando o superior imediato do agressor responsável pelo cumprimento da determinação judicial, sob pena de incorrer nos crimes de prevaricação ou de desobediência, conforme o caso".

➥ Princípio da consunção

Inaplicabilidade

"O princípio da consunção pressupõe a existência de um nexo de dependência das condutas ilícitas, para que se verifique a possibilidade de absorção daquela menos grave pela mais danosa. Evidenciado, na hipótese, que os crimes de porte ilegal de armas e de quadrilha, qualificado pelo uso de armas, se afiguram absolutamente autônomos, inexistindo qualquer relação de subordinação entre as condutas, resta inviabilizada a aplicação do princípio da consunção, devendo o réu responder por ambas as condutas" (STJ, HC 25.157/SP, 5ª T., rel. Min. Gilson Dipp, j. 15-4-2003, *DJU* de 9-6-2003, *RT* 819/549).

"Esta Corte vem entendendo que a absorção do delito de porte de arma pelo de disparo não é automática, dependendo, assim, do contexto fático do caso concreto. Por conseguinte, em se tratando de contextos fáticos distintos, há a possibilidade de configuração de delitos autônomos" (STJ, APn 290/PR, Corte Especial, rel. Min. Felix Fischer, j. 16-3-2005, *DJU* de 26-9-2005, p. 159).

No mesmo sentido:

Roubo qualificado e *posse* da arma utilizada (TJSP, RevCrim 848.535.3/6, 6º Gr. de Câms. Crims., rel. Des. Aben-Athar, j. 10-10-2007, *Boletim de Jurisprudência do TJSP*, n. 135).

Homicídio doloso praticado em legítima defesa e porte da arma utilizada (TJSP, ApCrim 916.711-3/0, 13ª Câm. do 7º Gr. da S. Crim., rel. Des. França Carvalho, j. 14-6-2007, *Boletim de Jurisprudência do TJSP*, n. 131).

Aplicabilidade

"Uma norma se deve reconhecer consumida por outra quando o crime previsto por aquela não passa de uma fase de realização do crime previsto por esta, ou é uma necessária ou normal forma de transição para o último (crime progressivo). O crime previsto pela norma consuntiva representa a etapa mais avançada na efetuação do malefício, aplicando-se, então, o princípio de que 'major absorbet minorem'" (TJMG, Ap. 1.0073.04.018289-8/001, 3ª CCrim, rel. Des. Kelsen Carneiro, j. 4-10-2005).

Roubo e porte de arma de fogo

"Se o agente utilizou a arma de fogo para a prática do roubo, sendo tal circunstância considerada para capitular o fato no art. 157 do Código Penal, não há que se falar em sua condenação também pelo crime de porte ilegal de arma de fogo, configurando inaceitável *bis in idem*. O uso de arma de fogo para o cometimento do crime de roubo não configura a circunstância agravante do recurso que impossibilitou a defesa da vítima, sob pena de se configurar inaceitável *bis in idem*" (TJMG, Ap. 1.0145.05.215560-6/001, 2ª CCrim, rel. Des. Beatriz Pinheiro Caires, j. 11-5-2006).

Lesão corporal dolosa grave e porte de arma de fogo

"Com a aplicação do princípio da absorção (consunção), o crime de porte ilegal de arma resta absorvido pelo crime de lesões corporais de natureza grave, por ser este de maior potencial ofensivo" (TJAC, Ap. 2005.001122-8, CCrim., rel. Des. Pedro Ranzi, j. 3-8-2006, *RT* 856/594).

Homicídio doloso e porte de arma de fogo

"Em face do princípio da consunção, é descabida a condenação do réu por porte ilegal de arma de fogo, se o delito estava contido na mesma linha de ação da prática delitiva visada pelo agente, qual seja o homicídio, pois trata-se de crime progressivo que resta absorvido pelo crime-fim" (TJSP, Ap. 290.746-3/7-00, 1ª Câm. Extraordinária, rel. Des. Pereira da Silva, j. 12-4-2000, *RT* 780/595).

"Se a arma de fogo foi utilizada para a prática de homicídio, os crimes de porte ilegal e ausência de registro ficam absorvidos por aquele, devendo ser excluídos da condenação" (TJAP, Ap. 1.365/01, Câm. única, rel. Des. Mário Gurtyev, j. 14-8-2001, *RT* 799/620).

"Não se pronuncia o agente pelo crime conexo de porte de arma não registrada, se este, por força do princípio da consunção, restou absorvido pelo homicídio" (TJAP, RO 079/05, Câm. única, rel. Des. Mário Gurtyev, j. 7-6-2005, *RT* 843/601).

→ Destinação das armas de fogo, acessórios e munições apreendidas

As armas de fogo apreendidas, após a elaboração do laudo pericial e sua juntada aos autos, quando não mais interessarem à persecução penal, serão encaminhadas por determinação do juiz competente ao Comando do Exército, no prazo máximo de 48 (quarenta e oito) horas, para destruição ou doação aos órgãos de segurança pública ou às Forças Armadas, na forma do regulamento desta Lei (art. 25 da Lei n. 10.826/2003).

A doação das armas de fogo e os trâmites daí decorrentes estão regulados nos demais parágrafos do art. 25, nos seguintes termos:

"§ 1º As armas de fogo encaminhadas ao Comando do Exército que receberem parecer favorável à doação, obedecidos o padrão e a dotação de cada Força Armada ou órgão de segurança pública, atendidos os critérios de prioridade estabelecidos pelo Ministério da Justiça e ouvido o Comando do Exército, serão arroladas em relatório reservado trimestral a ser encaminhado àquelas instituições, abrindo-se-lhes prazo para manifestação de interesse.

§ 1º-A. As armas de fogo e munições apreendidas em decorrência do tráfico de drogas de abuso, ou de qualquer forma utilizadas em atividades ilícitas de produção ou comercialização de drogas abusivas, ou, ainda, que tenham sido adquiridas com recursos provenientes do tráfico de drogas de abuso, perdidas em favor da União e encaminhadas para o Comando do Exército, devem ser, após perícia ou vistoria que atestem seu bom estado, destinadas com prioridade para os órgãos de segurança pública e do sistema penitenciário da unidade da federação responsável pela apreensão.

§ 2º O Comando do Exército encaminhará a relação das armas a serem doadas ao juiz competente, que determinará o seu perdimento em favor da instituição beneficiada.

§ 3º O transporte das armas de fogo doadas será de responsabilidade da instituição beneficiada, que procederá ao seu cadastramento no SINARM ou no SIGMA.

(...)

§ 5º O Poder Judiciário instituirá instrumentos para o encaminhamento ao SINARM ou ao SIGMA, conforme se trate de arma de uso permitido ou de uso restrito, semestralmente, da relação de armas acauteladas em juízo, mencionando suas características e o local onde se encontram".

O texto da Lei n. 11.706/2008, não faz referência à destinação dos acessórios e das munições apreendidas, impondo, nesse aspecto, regulamentação menos abrangente que aquela encontrada na redação anterior do art. 25 da Lei n. 10.826/2003. Mesmo assim, não há razão lógica que impeça a interpretação ampliativa, para efeito de permitir aos acessórios e munições o mesmo tratamento jurídico dispensado à destinação das armas.

O atual regramento também não faz referência às armas de fogo apreendidas ou encontradas e que não constituam prova em inquérito policial ou criminal, ao contrário do que se via no já revogado parágrafo único do art. 25 da Lei n. 10.826/2003, e na ausência de regra específica é de se permitir, *para efeito de destinação*, as mesmas opções acima apresentadas.

"A Terceira Seção do Superior Tribunal de Justiça firmou o entendimento de que a condenação por porte ilegal de arma de fogo acarreta, como efeito, o perdimento do armamento apreendido, em razão do disposto nos arts. 91, II, *a*, do CP e 1º da LCP (EREsp 83.359/SP, rel. Min. Gilson Dipp, 3ª S., j. 13-12-1999, *DJ* 21-2-2000). [...] O perdimento do armamento apreendido é um efeito da prática da conduta tipificada no art. 14, *caput*, do Estatuto do Desarmamento, não podendo ser conferido prazo para regularização do artefato, haja vista que tal providência somente é cabível nos casos de posse de arma de fogo, não sendo aplicada à hipótese de porte, como o caso dos autos (REsp n. 1.666.879/SC, rel. Min. Jorge Mussi, 5ª T. *DJe* 1º-8-2018" (STJ, REsp 1.756.202/SP, 6ª T., rel. Min. Sebastião Reis Júnior, j. 21-2-2019, *DJe* de 12-3-2019).

No mesmo sentido: STJ, REsp 1.666.879/SC, 5ª T., rel. Min. Jorge Mussi, j. 26-6-2018, *DJe* de 1º-8-2018.

↪ Comercialização, por empresas, de arma de fogo, acessórios e munições

Ver o art. 4º, §§ 3º e 4º, da Lei n. 10.826/2003, e o Decreto n. 9.847/2019.

↪ Comercialização, entre pessoas físicas, de arma de fogo, acessórios e munições

Ver o art. 4º, § 5º, da Lei n. 10.826/2003.

↪ Doutrina

Eduardo Cabette e Francisco Sannini, *Tratado de legislação especial criminal*, 2. ed., São Paulo, Mizuno, 2021, p. 78; Thales Tácito Pontes Luz de Pádua Cerqueira, Lei 10.826/2003 — questões polêmicas, in *Reforma criminal*, São Paulo, Revista dos Tribunais, 2004, p. 446 a 453; Damásio E. de Jesus, Estatuto do Desarmamento: medida provisória pode adiar o início de vigência de norma penal incriminadora?, *RT* 827/496; *Revista Síntese de Direito Penal e Processual Penal*, n. 26, p. 5; e http://jus2.uol.com.br/doutrina/texto.asp?id=5357; Vinicius de Toledo Piza Peluso, Munição e acessórios: uma desproporção explosiva, *RT* 837/398; Fernando Capez, Estatuto do Desarmamento (Lei 10.826/2003): infrações de perigo e o princípio da ofensividade, *Revista Magister de Direito Penal e Processual Penal*, n. 9, p. 5, dez. 2005/jan. 2006; Moacir Martini de Araújo, Breves considerações sobre a competência para a apuração dos crimes do Estatuto do Desarmamento, *Boletim IBCCrim*, n. 142, p. 9; Eduardo Luiz Santos Cabette, Porte de arma e perda "automática" da eficácia, *Boletim IBCCrim*, n. 148, p. 14; Paulo Tadeu Rodrigues Rosa, Estatuto do Desarmamento e as atividades desenvolvidas pelas guardas municipais — aspectos legais e constitucionais, *Boletim IBCCrim*, n. 154, p. 12; Edson Miguel da Silva Jr., Arma de fogo desmuniciada no Estatuto do Desarmamento, *Boletim IBCCrim*, n. 157, p. 10; Geraldo Toledo, Ter ou portar arma de fogo não é crime!, *Boletim do Instituto de Ciências Penais*, n. 56, p. 4; Paulo Cézar Dias,

Estatuto do Desarmamento — aplicação coerente com o ordenamento jurídico, *Boletim do Instituto de Ciências Penais*, n. 57, p. 3; FRANCISCO DIAS TEIXEIRA, Competência para julgar os crimes relacionados a arma de fogo, *Revista Brasileira de Ciências Criminais*, ano 5, n. 20, p. 95, out./dez. 1997; ANDRÉ GUILHERME TAVARES DE FREITAS, A restituição do instrumento do crime e o Estatuto do Desarmamento — Lei n. 10.826/2003, *Revista Síntese de Direito Penal e Processual Penal*, n. 26, p. 41; CÉSAR DARIO MARIANO, Homicídio e porte ilegal de arma de fogo, *Revista Jurídica da Escola Superior do Ministério Público do Estado de São Paulo*, n. 2, p. 47; CÉSAR DARIO MARIANO, Natureza jurídica dos crimes de arma de fogo e assemelhados, *Revista Jurídica da Escola Superior do Ministério Público do Estado de São Paulo*, n. 2, p. 83; LEONARDO GERALDO BAETA DAMASCENO, Apontamentos sobre os crimes previstos no Estatuto do Desarmamento: Lei n. 10.826/2003. Disponível em: http://jus2.uol.com.br/doutrina/texto.asp?id=6864; THOMAS WLASSAK, Contribuição à delimitação da competência para apuração dos crimes da nova Lei de Armas. Disponível em: http://jus2.uol.com.br/doutrina/texto.asp?id=5129; LUIZ FERNANDO VAGGIONE, Porte de arma de fogo particular por membros das Forças Armadas e por policiais. Disponível em: http://jus2.uol.com.br/doutrina/texto.asp?id=5351; REINALDO OSCAR DE FREITAS MUNDIM LOBO REZENDE, Da rediscussão pelo Supremo Tribunal Federal da criminalização do porte de arma desmuniciada e o Estatuto do Desarmamento. Disponível em: http://jus2.uol.com.br/doutrina/texto.asp?id=8175; ROGER SPODE BRUTTI, Arma de fogo desmuniciada. Disponível em: http://jus2.uol.com.br/doutrina/texto.asp?id=7473; THOMAS WLASSAK, Contribuições críticas à Lei n. 10.826/2003. Disponível em: http://jus2.uol.com.br/doutrina/texto.asp?id=5004; DAMÁSIO E. DE JESUS, Crime de porte de arma de fogo ou correlato cometido por integrante de órgão público ou entidade privada. Disponível em: http://jus2.uol.com.br/doutrina/texto.asp?id=5156; ANDRÉ LUÍS MARINHO SAMPAIO, O porte de arma dos policiais militares. Disponível em: http://jus2.uol.com.br/doutrina/texto.asp?id=7477; MARCELO MATIAS PEREIRA, Dos crimes de arma de fogo em espécie. Disponível em: http://jus2.uol.com.br/doutrina/texto.asp?id=5155; DAMÁSIO E. DE JESUS, A questão do desarmamento. Disponível em: http://jus2.uol.com.br/doutrina/texto.asp?id=5209; FLÁVIO AUGUSTO MARETTI SIQUEIRA, A inconstitucionalidade em se coibir o porte legal de arma de fogo. Disponível em: http://jus2.uol.com.br/doutrina/texto.asp?id=4577; FLÁVIO AUGUSTO MARETTI SIQUEIRA, O novo tratamento penal ao porte de arma de fogo: a tendência de transformação do porte de arma em crime hediondo. Disponível em: http://jus2.uol.com.br/doutrina/texto.asp?id=4553; RENATO MARCÃO, O porte de arma de fogo e seu tratamento penal. Disponível em: http://jus2.uol.com.br/doutrina/texto.asp?id=4603; WILLIAM TERRA DE OLIVEIRA, Estatuto do Desarmamento. Breves considerações sobre o porte funcional de arma de fogo de Magistrados e Promotores no âmbito do Direito Penal. Disponível em: http://www. apmp.com.br/juridico/artigos/docs/2008/estat_desarmamento.doc; RENATO BRASILEIRO DE LIMA, *Legislação criminal especial comentada*, 9. ed., Salvador, JusPodivm, 2021, p. 448.

Disparo de Arma de Fogo

Art. 15. *Disparar arma de fogo ou acionar munição em lugar habitado ou em suas adjacências, em via pública ou em direção a ela, desde que essa conduta não tenha como finalidade a prática de outro crime:*

Pena *— reclusão, de 2 (dois) a 4 (quatro) anos, e multa.*

Parágrafo único. *O crime previsto neste artigo é inafiançável.*

➥ Noção

"Responde pelas sanções do artigo 15, da Lei n. 10.826/2003, aquele que dispara arma de fogo ou aciona munição em lugar habitado ou em suas adjacências, em via pública ou em direção a ela, desde que essa conduta não tenha como finalidade a prática de outro crime. O delito de disparo de arma de fogo é crime de mera conduta, não se exigindo que o agente tenha agido com finalidade específica" (TJMG, Ap. 1.0024.04.291442-4/001, 1ª CCrim, rel. Des. Armando Freire, j. 9-5-2005).

No mesmo sentido: TJBA, Ap. 9835-1/2007, 1ª Câm., rel. Des. Janete Fadul de Oliveira, j. 19-6-2007, *RT* 866/667.

➥ Classificação

É crime doloso, vago, comissivo, de mera conduta, de perigo abstrato, plurissubsistente e unissubjetivo.

"O disparo de arma de fogo em local habitado configura o tipo penal descrito no art. 15 da Lei n. 10.826/2003, crime de perigo abstrato que presume o dano à segurança pública e prescinde, para sua caracterização, de comprovação da lesividade ao bem jurídico tutelado (*ut*, AgRg no AREsp 684.978/SP, rel. Min. Rogerio Schietti Cruz, 6ª T. *DJe* 12-12-2017)" (STJ, AgRg no AREsp 1.354.944/SP, 5ª T., rel. Min. Reynaldo Soares da Fonseca, j. 13-11-2018, *DJe* de 22-11-2018).

"O Superior Tribunal de Justiça sedimentou o entendimento de que o delito previsto no art. 15 da Lei n. 10.826/2003 é crime de perigo abstrato que presume dano à segurança pública, sendo desnecessária a comprovação da lesividade ao bem jurídico tutelado" (STJ, AgInt no AREsp 1.290.257/RN, 6ª T., rel. Min. Laurita Vaz, j. 19-3-2019, *DJe* de 1º-4-2019).

➥ Objeto jurídico da tutela penal

A incolumidade pública, portanto, a segurança coletiva.

Visa-se, inclusive, evitar o cometimento de outros crimes.

➥ Objetos materiais

Constituem objetos materiais do crime regulado no art. 15, *a arma de fogo* e a *munição.*

➥ Arma de fogo

No glossário constante do Anexo III do Decreto n. 10.030/2019 encontramos a seguinte definição para arma de fogo: "Arma que arremessa projéteis empregando a força expansiva dos gases, gerados pela combustão de um propelente confinado em uma câmara, normalmente solidária a um cano, que tem a função de dar continuidade à combustão do propelente, além de direção e estabilidade ao projétil".

Somente arma de fogo em sentido próprio é que se presta à configuração do crime. Arma imprópria, jamais.

➥ Munição

Entende-se por munição o cartucho completo ou seus componentes, incluídos o estojo, a espoleta, a carga propulsora, o projétil e a bucha utilizados em armas de fogo.

Esta definição se encontrava no art. 2º, X, do Decreto n. 9.845/2019, que foi expressamente revogado pelo art. 2º do Decreto n. 10.628/2021, mas não encontramos óbice a que seja adotada.

Muito embora o atual art. 3º do Decreto n. 10.030/2019 forneça as definições de munição de uso restrito e de munição de uso proibido, é certo que não define munição especificamente.

➥ Sujeito ativo

Por se tratar de crime comum, pode ser praticado por qualquer pessoa.

Não se exige uma qualidade especial do agente.

➥ Sujeito passivo

É a coletividade. Trata-se de crime vago.

Na visão de GUILHERME DE SOUZA NUCCI, "sujeito passivo é a sociedade. Secundariamente, a(s) pessoa(s) submetida(s) a risco de lesão" (*Leis penais e processuais penais comentadas*, 13. ed., Rio de Janeiro, Forense, v. 2, 2020, p. 40).

➥ Elemento subjetivo do tipo

É o dolo, que não se presume. Basta o dolo genérico.

Não há modalidade culposa.

➥ Disparo acidental

Na hipótese de disparo acidental não há falar no crime do art. 15 da Lei n. 10.826/2003, restando analisar se não é caso de uma das hipóteses de conformação tipificadas nos arts. 14 e 16 do mesmo Estatuto, e se não houve lesão a bem jurídico que justifique imputação a título de culpa (por exemplo: lesão corporal culposa e homicídio culposo).

➥ Tipo objetivo

Ocorrerá o crime do art. 15 da Lei n. 10.826/2003 nas hipóteses em que o agente:

1ª) disparar arma de fogo em lugar habitado;

2ª) disparar arma de fogo em adjacências de lugar habitado;

3ª) disparar arma de fogo em via pública;

4ª) disparar arma de fogo em direção a via pública;

5ª) acionar munição em lugar habitado;

6ª) acionar munição em adjacências de lugar habitado;

7ª) acionar munição em via pública;

8ª) acionar munição em direção a via pública.

Disparar significa "acionar o gatilho de (arma de fogo); atirar, desfechar" (Antônio Houaiss, *Dicionário Houaiss da língua portuguesa*, Rio de Janeiro, Objetiva, 2001, p. 1056).

Acionar é o mesmo que "fazer agir; pôr em ação; fazer funcionar" (Antônio Houaiss, *Dicionário Houaiss da língua portuguesa*, Rio de Janeiro, Objetiva, 2001, p. 57). No caso, *acionar munição* corresponde a deflagrar, fazer explodir etc.

➥ Pluralidade de disparos ou munições

Ainda que o agente venha a disparar arma de fogo duas ou mais vezes, em um mesmo contexto, haverá crime único.

Se em igual circunstância aciona duas ou mais munições, também haverá crime único.

➥ Lugar habitado ou em suas adjacências

Lugar habitado é aquele em que reside alguém, ainda que de forma precária ou transitória. *Adjacências*, conforme o léxico, são lugares próximos, vizinhos; arredores, cercanias, redondezas (Antônio Houaiss, *Dicionário Houaiss da língua portuguesa*, Rio de Janeiro, Objetiva, 2001, p. 85).

Disso decorre que o disparo em *lugar deserto, desabitado*, não se presta à configuração do crime.

"Incide nas penas do art. 15 da Lei n. 10.826/2003 aquele que dispara arma de fogo em local habitado ou adjacências, em via pública ou em direção a ela, desde que essa conduta não tenha como finalidade a prática de outro crime. Se os disparos ocorreram em uma casa onde havia três pavimentos e era habitada, evidencia-se o perigo de lesão a outras pessoas, não sendo possível acolher a tese de atipicidade da conduta" (TJDF, ApCrim 2004.07.1.018457-5, 1ª T. Crim., rel. Des. Edson Alfredo Smaniotto, *DJU* de 22-8-2007, *Revista IOB de Direito Penal e Processual Penal*, n. 47, p. 131).

➥ Via pública ou em direção a ela

O Anexo I do Código de Trânsito Brasileiro — Lei n. 9.503/97 — define via como a "superfície por onde transitam veículos, pessoas e animais, compreendendo a pista, a calçada, o acostamento, ilha e canteiro central".

Conforme anota César Dario Mariano da Silva, "via pública é o local pertencente ao poder público, como as ruas, parques, estradas, etc. O disparo poderá ocorrer na própria via pública ou em direção a ela, mesmo que efetuado de dentro de uma casa" (*Estatuto do Desarmamento*, 2. ed., Rio de Janeiro, Forense, 2005, p. 104).

➥ Subsidiariedade

O disparo de arma de fogo ou o acionamento de munição, nos moldes do art. 15 da Lei n. 10.826/2003, configura o crime em comento "desde que essa conduta não tenha como finalidade a prática de outro crime".

Se o dolo do autor se volta a outro bem jurídico penalmente tutelado, como é o caso, por exemplo, da prática de crime de homicídio, não há falar em concurso de crimes, visto que o crime de disparo de arma de fogo restará absorvido. Incide, na hipótese, o princípio da consunção.

➥ Disparo efetuado por agente que possui licença para porte

É indiferente para a configuração do crime previsto no art. 15 da Lei n. 10.826/2003 o fato de o agente ser possuidor de licença para porte de arma de fogo.

Se presentes as elementares, restará configurado o crime.

➥ Consumação

Com o efetivo disparo da arma de fogo ou o acionamento da munição.

"Para a caracterização do delito a conduta deve ser realizada em lugar habitado ou em suas adjacências, sendo que o primeiro pode ser a própria residência do agente, e o segundo corresponde a locais próximos da habitação, por exemplo, o quintal. O dispositivo tipifica um crime de mera conduta, que não exige perigo concreto à incolumidade pública, e a inexistência de pessoas no local, no momento dos disparos, é irrelevante" (*RT* 794/626).

➥ Tentativa

É possível, por estarmos diante de crime plurissubsistente.

A forma tentada pode decorrer de falha da munição; falha da arma ou intervenção de terceira pessoa, por exemplo.

Nessa mesma linha de pensamento, Cabette e Sannini lecionam que: "Em se tratando de crime plurissubsistente, é perfeitamente possível a tentativa (ex.: o agente, com a intenção de acionar munição, a coloca em uma fogueira, contudo, por circunstâncias alheias à sua vontade, o artefato não é deflagrado; sujeito que aciona o gatilho de sua arma, mas o disparo não ocorre devido ao 'picote' do projétil)" (Eduardo Cabette e Francisco Sannini, *Tratado de legislação especial criminal*, 2. ed., São Paulo, Mizuno, 2021, p. 102).

Renato Brasileiro de Lima também entende possível a tentativa (*Legislação criminal especial comentada*, 9. ed., Salvador, JusPodivm, 2021, p. 457).

Em sentido contrário, entendendo que, "por não haver *iter criminis* e ser o delito formal, a tentativa não é possível": Roberto Delmanto, Roberto Delmanto Junior e Fabio M. de Almeida Delmanto, *Leis penais especiais comentadas*, 3. ed. São Paulo, Saraiva, 2018, p. 805.

➥ Ação penal

Pública incondicionada.

➥ Transação penal

Não é cabível, considerando o disposto no art. 61 da Lei n. 9.099/95, pois a pena máxima cominada é superior a 2 (dois) anos.

➥ Suspensão condicional do processo

Não é possível. Falta requisito objetivo.

A pena mínima cominada para o crime em questão é de 2 (dois) anos e o art. 89 da Lei n. 9.099/95 é expresso ao permitir a suspensão condicional do processo "nos crimes em que a pena mínima cominada for igual ou inferior a 1 (um) ano"[12].

➥ Procedimento em Juízo

Não há procedimento especial para os crimes previstos na Lei n. 10.826/2003.

Segue-se o *rito comum, ordinário* (art. 394, § 1º, I, do CPP), previsto nos arts. 396 a 405 do CPP.

➥ Competência

É da Justiça Estadual.

"A Lei n. 10.826/2003 (Estatuto do Desarmamento) visa a melhorar a segurança pública, através do recolhimento de armas de fogo e munições sem os registros pertinentes, tendo como bem jurídico tutelado a segurança pública. Em regra, a competência para processar e julgar os crimes elencados na Lei n. 10.826/2003 é da competência da Justiça Estadual. O fato de o registro de armas ser efetuado no órgão submetido ao

---

12 Sobre o tema, recomendamos a seguinte leitura: Ada Pellegrini Grinover, Antonio Magalhães Gomes Filho, Antonio Scarance Fernandes e Luiz Flávio Gomes, *Juizados Especiais Criminais* (comentários à Lei 9.099, de 26-9-1995), 5. ed., São Paulo, Revista dos Tribunais, 2005.

Ministério da Justiça, por si só, não enseja o deslocamento da competência para a Justiça Federal, o que revela interesse genérico e reflexo da União, pois não há ofensa a seus bens, serviços ou interesses" (STJ, CC 98.787/RJ, 3ª S., rel. Min. Arnaldo Esteves Lima, j. 26-8-2009, *DJe* de 23-9-2009).

"A jurisprudência desta Corte já se assentou no sentido de que o julgamento dos delitos previstos no Estatuto do Desarmamento é da competência da Justiça estadual. Precedente: CC 98.787/RJ, rel. Min. Arnaldo Esteves Lima, 3ª S., j. 26-8-2009, *DJe* 23-9-2009" (STJ, CC 120.493/RJ, 3ª S., rel. Min. Reynaldo Soares da Fonseca, j. 10-6-2015, *DJe* de 22-6-2015).

➥ Pena

A pena cominada é de reclusão, de 2 (dois) a 4 (quatro) anos, e multa.

Segundo dispõe o art. 20 da Lei n. 10.826/2003: "Nos crimes previstos nos arts. 14, 15, 16, 17 e 18, a pena é aumentada da metade se: I — forem praticados por integrantes dos órgãos e empresas referidas nos arts. 6º, 7º e 8º desta Lei; ou II — o agente for reincidente específico em crimes dessa natureza".

➥ Regime de cumprimento da pena

Considerando tratar-se de crime punido com reclusão, dependendo das circunstâncias do art. 59 do CP, o condenado poderá iniciar o cumprimento da privativa de liberdade no regime aberto, no semiaberto ou no fechado, à luz do disposto no art. 33 do mesmo *Codex*.

Em sede de execução penal, havendo condenação por mais de um crime, é preciso observar o disposto no art. 111 da Lei n. 7.210/84. A respeito do tema, conferir: Renato Marcão, *Curso de execução penal*, 18. ed., São Paulo, Saraiva, 2021.

➥ Penas restritivas de direitos

A pena cominada, considerada em si mesma, não veda a possibilidade de substituição da privativa de liberdade por restritivas de direitos. Diante de tal quadro, é possível a substituição, diante do caso concreto, desde que presentes os requisitos legais, à luz do disposto no art. 44 do CP.

➥ Progressão de regime prisional

Não há qualquer vedação.

Sobre o assunto, conferir o art. 112 da LEP.

➥ Fiança

O Plenário do Supremo Tribunal Federal declarou inconstitucional a vedação à fiança expressa no parágrafo único do art. 15 da Lei n. 10.826/2003, nos termos da ementa que abaixo transcrevemos em parte, conforme segue:

"Relativamente aos parágrafos únicos dos artigos 14 e 15 da Lei 10.868/2003, que proíbem o estabelecimento de fiança, respectivamente, para os crimes de porte ilegal de arma de fogo de uso permitido e de disparo de arma de fogo, considerou-se desarrazoada a vedação, ao fundamento de que tais delitos não poderiam ser equiparados a terrorismo, prática de tortura, tráfico ilícito de entorpecentes ou crimes hediondos (CF, art. 5º, XLIII). Asseverou-se, ademais, cuidar-se, na verdade, de crimes de mera conduta que, embora impliquem redução no nível de segurança coletiva, não podem ser igualados aos crimes que acarretam lesão ou ameaça de lesão à vida ou à propriedade. Quanto ao art. 21 da lei impugnada, que prevê serem insuscetíveis de liberdade provisória os delitos capitulados nos artigos 16 (posse ou porte ilegal de arma de fogo de uso restrito), 17 (comércio ilegal de arma de fogo) e 18 (tráfico internacional de arma de fogo), entendeu-se haver afronta aos princípios constitucionais da presunção de inocência e do devido processo legal (CF, art. 5º, LVII e LXI). Ressaltou-se, no ponto, que, não obstante a interdição à liberdade provisória tenha sido estabelecida para crimes de suma gravidade, liberando-se a franquia para os demais delitos, a Constituição não permite a prisão *ex lege*, sem motivação, a qual viola, ainda, os princípios da ampla defesa e do contraditório (CF, art. 5º, LV). Vencidos, parcialmente, os Ministros Carlos Britto, Gilmar Mendes e Sepúlveda Pertence, que julgavam improcedente o pedido formulado quanto aos parágrafos únicos dos artigos 14 e 15, e o Min. Marco Aurélio, que o julgava improcedente quanto ao parágrafo único do art. 15 e, em relação ao art. 21, apenas quanto à referência ao art. 16. O Tribunal, por unanimidade, julgou, ainda, improcedente o pedido quanto aos artigos 2º, X; 5º, §§ 1º, 2º e 3º; 10; 11, II; 12; 23, §§ 1º, 2º e 3º; 25, parágrafo único; 28; 29 e ao parágrafo único do art. 32, e declarou o prejuízo da ação em relação ao art. 35, todos da Lei 10.826/2003" (*Informativo STF* n. 465, de 9-5-2007, relativo a ações diretas de inconstitucionalidade relatadas pelo Ministro Ricardo Lewandowski, atinentes a dispositivos do Estatuto do Desarmamento — ADIs 3.112/DF, 3.137/DF, 3.198/DF, 3.263/DF, 3.518/DF, 3.535/DF, 3.586/DF, 3.600/DF, 3.788/DF e 3.814/DF).

➥ Legítima defesa putativa: inocorrência

"Agente que se dirige à casa de desafeto e dispara arma de fogo em plena via pública não pode invocar a legítima defesa putativa, já que o provocou com sua inoportuna presença" (*RT* 797/621).

➥ Erro de proibição: inviabilidade da tese

"A ignorância da lei, consubstanciada no erro de proibição, somente é escusável se o erro for inevitável ou se configurar verdadeira forma de ignorância da norma proibitiva, o que não se verifica quando o agente, acusado da prática do crime previsto no art. 15 da Lei 10.826/2003, apesar de ser pessoa simples e de pouca escolaridade, tem pleno acesso a todos os meios de informação e comunicação, circunstâncias a tornar pouco provável seu desconhecimento a respeito de ser crime disparar arma de fogo em local habitado" (*RT* 865/594).

➥ Porte e disparo. Princípio da absorção

"Aplica-se o princípio da consunção aos crimes de porte ilegal e de disparo de arma de fogo ocorridos no mesmo contexto fático, quando presente nexo de dependência entre as condutas, considerando-se o porte crime-meio para a execução do disparo de arma de fogo" (STJ, AgRg no AREsp 1.211.409/MS, 6ª T., rel. Min. Nefi Cordeiro, j. 8-5-2018, *DJe* de 21-5-2018).

"Uma norma se deve reconhecer consumida por outra quando o crime previsto por aquela não passa de uma fase de realização do crime previsto por esta, ou é uma necessária ou normal forma de transição para o último (crime progressivo). O crime previsto pela norma consuntiva representa a etapa mais avançada na efetuação do malefício, aplicando-se, então, o princípio de que *major absorbet minorem*" (TJMG, Ap. 1.0073.04.018289-8/001, 3ª CCrim, rel. Des. Kelsen Carneiro, j. 4-10-2005).

"Não ocorre concurso material entre os crimes de porte ilegal e disparo de arma de fogo, devendo ser, nestes casos, reconhecida a ocorrência da consunção, já que o primeiro delito constitui meio material para executar o segundo. Ademais, o disparo de arma de fogo, em local público, configura crime mais grave do que simples posse ou porte, pois atinge a segurança pública, de forma que é crime-fim que absorve o crime-meio" (*RT* 791/619).

"Em face do princípio da consunção, a conduta de porte ilegal de arma de fogo é absorvida pelo disparo de arma em via pública, impedindo o concurso material entre as duas condutas, eis que ambas as infrações atingem o mesmo bem jurídico e o mesmo sujeito passivo" (*RT* 799/606).

"O delito de porte de arma deve ser excluído em face da absorção pelo crime mais grave de disparo de arma de fogo, tendo em vista que o porte ilegal é o meio de se executar o crime de disparo, sendo incabível, portanto, com o fim de se evitar o *bis in idem*, falar em concurso material" (*RT* 806/632).

Em sentido contrário: STJ, APn 290/PR, Corte Especial, rel. Min. Felix Fischer, j. 16-3-2005, *DJU* de 26-9-2005, p. 159.

➥ Caçador para subsistência

Conforme dispõe o art. 6º, § 5º, da Lei n. 10.826/2003:

"§ 5º Aos residentes em áreas rurais, maiores de 25 (vinte e cinco) anos que comprovem depender do emprego de arma de fogo para prover sua subsistência alimentar familiar será concedido pela Polícia Federal o porte de arma de fogo, na categoria caçador para subsistência, de uma arma de uso permitido, de tiro simples, com 1 (um) ou 2 (dois) canos, de alma lisa e de calibre igual ou inferior a 16 (dezesseis), desde que o interessado comprove a efetiva necessidade em requerimento ao qual deverão ser anexados os seguintes documentos: I — documento de identificação pessoal; II — comprovante de residência em área rural; e III — atestado de bons antecedentes".

E arremata o § 6º do mesmo artigo: "O caçador para subsistência que der outro uso à sua arma de fogo, independentemente de outras tipificações penais, responderá, conforme o caso, por porte ilegal ou por disparo de arma de fogo de uso permitido".

➥ Doutrina

Renato Brasileiro de Lima, *Legislação criminal especial comentada*, 9. ed., Salvador, JusPodivm, 2021, p. 454; Thales Tácito Pontes Luz de Pádua Cerqueira, Lei 10.826/2003 — questões polêmicas, in *Reforma criminal*, São Paulo, Revista dos Tribunais, 2004, p. 446 a 453; Fernando Capez, Estatuto do Desarmamento (Lei 10.826/2003): infrações de perigo e o princípio da ofensividade, *Revista Magister de Direito Penal e Processual Penal*, n. 9, p. 5, dez. 2005/jan. 2006; Moacir Martini de Araújo, Breves considerações sobre a competência para a apuração dos crimes do Estatuto do Desarmamento, *Boletim IBCCrim*, n. 142, p. 9; Francisco Dias Teixeira, Competência para julgar os crimes relacionados a arma de fogo, *Revista Brasileira de Ciências Criminais*, ano 5, n. 20, p. 95, out./dez. 1997; André Guilherme Tavares de Freitas, A restituição do instrumento do crime e o Estatuto do Desarmamento — Lei n. 10.826/2003, *Revista Síntese de Direito Penal e Processual Penal*, n. 26, p. 41; Fabio Geraldo Veloso, Armas de fogo e prevenção de crimes, *Boletim IBCCrim*, n. 110, p. 6; Leonardo Geraldo Baeta Damasceno, Apontamentos sobre os crimes previstos no Estatuto do Desarmamento: Lei n. 10.826/2003. Disponível em: http://jus2.uol.com.br/doutrina/texto.asp?id=6864; Thomas Wlassak, Contribuição à delimitação da competência para apuração dos crimes da nova Lei de Armas. Disponível em: http://jus2.uol.com.br/doutrina/texto.asp?id=5129; Marcelo Matias Pereira, Dos crimes de arma de fogo em espécie. Disponível em: http://jus2.uol.com.br/doutrina/texto.asp?id=5155; Eduardo Cabette e Francisco Sannini, *Tratado de legislação especial criminal*, 2. ed. São Paulo, Mizuno, 2021, p. 99.

Posse ou Porte Ilegal de Arma de Fogo de Uso Restrito ou Proibido

Art. 16. *Possuir, deter, portar, adquirir, fornecer, receber, ter em depósito, transportar, ceder, ainda que gratuitamente, emprestar, remeter, empregar, manter sob sua guarda ou ocultar arma de fogo, acessório ou munição de uso restrito, sem autorização e em desacordo com determinação legal ou regulamentar:*

Pena *— reclusão, de 3 (três) a 6 (seis) anos, e multa.*

§ 1º Nas mesmas penas incorre quem:

I *— suprimir ou alterar marca, numeração ou qualquer sinal de identificação de arma de fogo ou artefato;*

II — modificar as características de arma de fogo, de forma a torná-la equivalente a arma de fogo de uso proibido ou restrito ou para fins de dificultar ou de qualquer modo induzir a erro autoridade policial, perito ou juiz;

III — possuir, detiver, fabricar ou empregar artefato explosivo ou incendiário, sem autorização ou em desacordo com determinação legal ou regulamentar;

IV — portar, possuir, adquirir, transportar ou fornecer arma de fogo com numeração, marca ou qualquer outro sinal de identificação raspado, suprimido ou adulterado;

V — vender, entregar ou fornecer, ainda que gratuitamente, arma de fogo, acessório, munição ou explosivo a criança ou adolescente; e

VI — produzir, recarregar ou reciclar, sem autorização legal, ou adulterar, de qualquer forma, munição ou explosivo.

§ 2º Se as condutas descritas no caput e no § 1º deste artigo envolverem arma de fogo de uso proibido, a pena é de reclusão, de 4 (quatro) a 12 (doze) anos.

➥ Posse irregular de arma de fogo de uso permitido

Ver o art. 12 da Lei n. 10.826/2003.

➥ Porte ilegal de arma de fogo de uso permitido

Ver o art. 14 da Lei n. 10.826/2003.

➥ Decreto n. 9.845, de 25 de junho de 2019

Regulamenta a Lei n. 10.826/2003, para dispor sobre a aquisição, o cadastro, o registro e a posse de armas de fogo e de munição.

➥ Decreto n. 9.846, de 25 de junho de 2019

Regulamenta a Lei n. 10.826/2003, para dispor sobre o registro, o cadastro e a aquisição de armas e de munições por caçadores, colecionadores e atiradores.

➥ Decreto n. 9.847, de 25 de junho de 2019

Regulamenta a Lei n. 10.826/2003, para dispor sobre a aquisição, o cadastro, o registro, o porte e a comercialização de armas de fogo e de munição e sobre o Sistema Nacional de Armas e o Sistema de Gerenciamento Militar de Armas.

➥ Decreto n. 10.030, de 30 de setembro de 2019

Aprova o Regulamento de Produtos Controlados.

➥ Portaria Interministerial n. 1.634/GM-MD, de 22 de abril de 2020

Estabelece os quantitativos máximos de munições passíveis de aquisição pelos integrantes dos órgãos e instituições previstos nos incisos I a VII e X do *caput* art. 6º da

Lei n. 10.826/2003, e pelas pessoas físicas autorizadas a adquirir ou portar arma de fogo, e pelos demais agentes autorizados por legislação especial a portar arma de fogo.

➥ Arma de fogo

No glossário constante do Anexo III do Decreto n. 10.030/2019 encontramos a seguinte definição para arma de fogo: "Arma que arremessa projéteis empregando a força expansiva dos gases, gerados pela combustão de um propelente confinado em uma câmara, normalmente solidária a um cano, que tem a função de dar continuidade à combustão do propelente, além de direção e estabilidade ao projétil".

Somente arma de fogo em sentido próprio é que se presta à configuração do crime. Arma imprópria, jamais.

➥ Arma de fogo de uso permitido

O art. 3º, parágrafo único, I, do Anexo I do Decreto n. 10.030/2019, define como arma de fogo de uso permitido as armas de fogo semiautomáticas ou de repetição que sejam: a) de porte, cujo calibre nominal, com a utilização de munição comum, não atinja, na saída do cano de prova, energia cinética superior a mil e duzentas libras-pé ou mil seiscentos e vinte joules; b) portáteis de alma lisa; ou c) portáteis de alma raiada, cujo calibre nominal, com a utilização de munição comum, não atinja, na saída do cano de prova, energia cinética superior a mil e duzentas libras-pé ou mil seiscentos e vinte joules.

➥ Arma de fogo de uso restrito

Nos precisos termos do art. 3º, parágrafo único, II, do Anexo I, do Decreto n. 10.030/2019, define como arma de fogo de uso restrito as armas de fogo automáticas, de qualquer tipo ou calibre, semiautomáticas ou de repetição que sejam: a) não portáteis; b) de porte, cujo calibre nominal, com a utilização de munição comum, atinja, na saída do cano de prova, energia cinética superior a mil e duzentas libras-pé ou mil seiscentos e vinte joules; ou c) portáteis de alma raiada, cujo calibre nominal, com a utilização de munição comum, atinja, na saída do cano de prova, energia cinética superior a mil e duzentas libras-pé ou mil seiscentos e vinte joules.

➥ Arma de fogo de uso proibido

São armas de fogo de uso proibido: a) as armas de fogo classificadas como de uso proibido em acordos ou tratados internacionais dos quais a República Federativa do Brasil seja signatária; e b) as armas de fogo dissimuladas, com aparência de objetos inofensivos (art. 3º, parágrafo único, III, do Anexo I do Decreto n. 10.030/2019).

➥ Acessório de arma de fogo

O glossário constante do Anexo III do Decreto n. 10.030/2019 considera acessório de arma de fogo os artefatos listados nominalmente na legislação como Produto

Controlado pelo Exército — PCE que, acoplados a uma arma, possibilitam a alteração da configuração normal do armamento, tal como um supressor de som.

➥ Munição

Considera-se munição o cartucho completo ou seus componentes, incluídos o estojo, a espoleta, a carga propulsora, o projétil e a bucha utilizados em armas de fogo.

Esta definição se encontrava no art. 2º, X, do Decreto n. 9.845/2019, que foi expressamente revogado pelo art. 2º do Decreto n. 10.628/2021, mas não encontramos óbice a que seja adotada.

Muito embora o atual art. 3º do Decreto n. 10.030/2019 forneça as definições de munição de uso restrito e de munição de uso proibido, é certo que não define munição especificamente.

➥ Munição de uso restrito

O art. 3º, parágrafo único, IV, do Anexo I do Decreto n. 10.030/2019, define como munição de uso restrito as munições que: a) atinjam, na saída do cano de prova de armas de fogo de porte ou de armas de fogo portáteis de alma raiada, energia cinética superior a mil e duzentas libras-pé ou mil seiscentos e vinte joules; b) sejam traçantes, perfurantes ou fumígenas; c) sejam granadas de obuseiro, de canhão, de morteiro, de mão ou de bocal; ou d) sejam rojões, foguetes, mísseis ou bombas de qualquer natureza.

➥ Munição de uso proibido

Munição de uso proibido são as munições: a) assim classificadas em acordos ou tratados internacionais dos quais a República Federativa do Brasil seja signatária; ou b) incendiárias ou químicas (art. 3º, parágrafo único, IV, do Anexo I do Decreto n. 10.030/2019).

➥ Cadastro de arma de fogo

É a inclusão da arma de fogo de produção nacional ou importada em banco de dados, com a descrição de suas características (art. 3º, parágrafo único, X, do Anexo I do Decreto n. 10.030/2019).

➥ Registro de arma

Registro é a matrícula da arma de fogo vinculada à identificação do respectivo proprietário em banco de dados (art. 3º, parágrafo único, X, do Anexo I do Decreto n. 10.030/2019).

➥ Arma de fogo obsoleta

O glossário constante do Anexo III do Decreto n. 10.030/2019 define arma de fogo obsoleta como arma de fogo que não se presta ao uso regular, devido à sua munição e aos elementos de munição não serem mais fabricados, por ser ela própria de fabricação muito antiga ou de modelo muito antigo e fora de uso, e que, pela sua obsolescência, presta-se a ser considerada relíquia ou a constituir peça de coleção.

Art. 16, *caput*

Classificação

Crime doloso, comum, unissubjetivo, de perigo abstrato, de mera conduta e vago (em que o sujeito passivo é a coletividade). Quando a conduta se ajustar a qualquer dos verbos: *possuir*, *deter*, *portar*, *ter em depósito*, *transportar*, *manter sob guarda* e *ocultar*, o crime será permanente, expondo o infrator ao alcance do art. 303 do CPP. Nas demais hipóteses de conformação típica o crime é instantâneo.

"Tanto a posse irregular de arma de fogo de uso permitido quanto o porte ou posse de arma de fogo de uso restrito (arts. 12 e 16 da Lei n. 10.826/2003, respectivamente) são crimes de perigo abstrato" (STJ, AgRg nos EAREsp 1.027.337/MT, 3ª S., Maria Thereza de Assis Moura, j. 24-5-2017, *DJe* de 30-5-2017).

"Esta Corte detém entendimento no sentido de que 'o porte ilegal de munições configura o tipo penal descrito no art. 16, *caput*, da Lei n. 10.826/2003, crime de perigo abstrato que presume a ocorrência de dano à segurança pública e prescinde, para sua caraterização, de resultado naturalístico à incolumidade física de outrem' (HC 322.956/SP, rel. Min. Rogerio Schietti Cruz, 6ª T. j. 17-8-2017, *DJe* 29-8-2017)" (STJ, REsp 1.710.320/RJ, 5ª T., rel. Min. Jorge Mussi, j. 3-5-2018, *DJe* de 9-5-2018).

No mesmo sentido: STJ, AgRg no AgRg no REsp 1.726.758/SC, 5ª T., rel. Min. Joel Ilan Paciornik, j. 26-11-2019, *DJe* de 4-12-2019; STJ, AgRg no AREsp 1.647.247/ES, 5ª T., rel. Min. Reynaldo Sores da Fonseca, j. 5-5-2020, *DJe* de 13-5-2020; STJ, AgRg no REsp n. 1547491/MG, 6ª T., rel. Min. Sebastião Reis Júnior, j. 28-6-2016, *DJe* de 3-8-2016; STJ, HC 442.036/SP, 6ª T., rel. Min. Maria Thereza de Assis Moura, j. 12-6-2018, *DJe* de 19-6-2018.

Norma penal em branco

O art. 16 da Lei n. 10.826/2003 constitui norma penal em branco.

Sua eficácia está condicionada à existência de outras espécies normativas (leis, decretos, portarias, regulamentos etc.).

Objeto jurídico da tutela penal

É a incolumidade pública. Visa à preservação da vida e da integridade física das pessoas.

No mesmo sentido: Damásio E. de Jesus, *Direito penal do desarmamento*, 5. ed. reformulada, São Paulo, Saraiva, 2005, p. 99; César Dario Mariano da Silva, *Estatuto do Desarmamento*, 2. ed., Rio de Janeiro, Forense, 2005, p. 109.

Para Renato Brasileiro de Lima "é a segurança e a paz públicas" (*Legislação criminal especial comentada*, 9. ed., Salvador, JusPodivm, 2021, p. 458).

"Os objetos jurídicos dos tipos previstos nos arts. 12 (guarda de arma de uso permitido em residência) e 16 (posse de munição de uso restrito) da Lei n. 10.826/2003 — Estatuto do Desarmamento — são a administração pública e, reflexamente, a segurança, incolumidade e paz pública (crime de perigo abstrato). No primeiro caso, para se exercer controle rigoroso do trânsito de armas e permitir a atribuição de responsabilidade pelo artefato; no segundo, para evitar a existência de armas irregulares circulando livremente em mãos impróprias, colocando em risco a população" (STJ, APn 686/AP, Corte Especial, rel. Min. João Otávio de Noronha, j. 21-10-2015, *DJe* de 29-10-2015).

➥ Sujeito ativo

Qualquer pessoa, na medida em que se trata de crime comum.

Não se exige nenhuma qualidade especial do agente.

➥ Sujeito passivo

Cuida-se de crime vago, em que o sujeito passivo é a coletividade, assim compreendida a generalidade humana.

Segundo afirmação objetiva de Guilherme de Souza Nucci: "O sujeito passivo é a sociedade. Secundariamente, o Estado" (*Leis penais e processuais penais comentadas*, 13. ed., Rio de Janeiro, Forense, v. 2, 2020, p. 47).

➥ Elemento subjetivo do tipo

É o dolo, que não se presume. Basta o dolo genérico.

Não há forma culposa.

Para a conformação típica é suficiente que o agente pratique qualquer das condutas reguladas, independentemente de finalidade específica.

➥ Objeto material

É a arma de fogo, acessório ou munição de uso restrito.

➥ Tipo objetivo

O art. 16, *caput*, da Lei n. 10.826/2003, cuida do crime de posse ou porte ilegal de arma de fogo, acessório ou munição de uso restrito, nos mesmos moldes que os arts. 12 e 14 regulam, respectivamente, os crimes de posse e porte ilegal de arma de fogo, acessório ou munição. A diferença é que no art. 16, *caput*, o objeto material se refere a arma de fogo, acessório ou munição *de uso restrito*, enquanto naqueles o objeto material é de *uso permitido*.

Por se tratar de tipo misto alternativo ou de conteúdo variado, é possível incidir no art. 16, *caput*, mediante a realização dos seguintes verbos indicados na norma penal incriminadora: 1. *possuir*; 2. *deter*; 3. *portar*; 4. *adquirir*; 5. *fornecer*; 6. *receber*; 7. *ter* em depósito; 8. *transportar*; 9. *ceder*, ainda que gratuitamente; 10. *emprestar*; 11. *remeter*; 12. *empregar*; 13. *manter* sob sua guarda, ou 14. *ocultar*.

A realização de mais de um verbo em um mesmo contexto fático configura crime único.

Contudo, conforme se tem decidido: "A posse de munições de uso permitido e de uso restrito caracteriza os delitos previstos nos arts. 12 e 16 da Lei n. 10.826/2003, em concurso material, ainda que apreendidas no mesmo contexto" (STJ, AgRg no REsp 1.528.106/MG, 6ª T., rel. Min. Antonio Saldanha Palheiro, j. 3-11-2020, *DJe* de 16-11-2020).

↪ Ações nucleares do ilícito penal

É bem verdade que muitas vezes a interpretação gramatical pura e simples pode não indicar o sentido jurídico do verbo, notadamente para fins penais. Por aqui, entretanto, procuramos apresentar algumas variantes encontradas no léxico, conforme seguem descritas, que possibilitam melhor compreensão de cada uma das condutas tipificadas, inclusive com uma visão prática, tomando por base a realidade da lida forense.

Possuir

Significa ter em seu poder, à disposição, em condições de fruição. Para possuir não é preciso que o agente seja o proprietário da arma, acessório ou munição. Basta possuir, a qualquer título, ainda que por breve período. É preciso não confundir o conceito de *possuir* com o de *portar*.

Deter

"Reter em seu poder; ter a posse legítima ou ilegítima de alguma coisa; prender, suster" (Antônio Houaiss, *Dicionário Houaiss da língua portuguesa*, Rio de Janeiro, Objetiva, 2001, p. 1022).

Portar

"Ter consigo (algo) enquanto se movimenta; levar, carregar" (Antônio Houaiss, *Dicionário Houaiss da língua portuguesa*, Rio de Janeiro, Objetiva, 2001, p. 2266).

Adquirir

"Entrar na posse de algum bem, através de contrato legal ou não; tornar-se proprietário, dono de; obter; conseguir (bem material) através de compra" (Antônio Houaiss, *Dicionário Houaiss da língua portuguesa*, Rio de Janeiro, Objetiva, 2001, p. 90).

Fornecer

"Auxiliar doando armamentos, equipamentos etc.; fortificar; guarnecer; equipar; pôr (algo) ao alcance de (outrem); proporcionar; facilitar; dar" (Antônio Houaiss, *Dicionário Houaiss da língua portuguesa*, Rio de Janeiro, Objetiva, 2001, p. 1376).

Receber

"Readquirir a posse de; recobrar; reaver; obter como recompensa ou favor, ou ainda por merecimento; chegar às mãos de (alguém) ou aceitar (algo que lhe é enviado, oferecido, entregue etc.) por (alguém)" (ANTÔNIO HOUAISS, *Dicionário Houaiss da língua portuguesa*, Rio de Janeiro, Objetiva, 2001, p. 2398).

***Ter* em depósito**

É o mesmo que conservar ou manter à sua disposição, sob sua guarda.

Transportar

"Levar ou conduzir (seres animados ou coisas) a (determinado lugar); carregar" (ANTÔNIO HOUAISS, *Dicionário Houaiss da língua portuguesa*, Rio de Janeiro, Objetiva, 2001, p. 2753).

***Ceder*, ainda que gratuitamente**

"Transferir (a alguém) posse ou direito sobre (algo); colocar (algo) à disposição de (outrem) por tempo limitado" (ANTÔNIO HOUAISS, *Dicionário Houaiss da língua portuguesa*, Rio de Janeiro, Objetiva, 2001, p. 664).

Emprestar

"Pôr à disposição; ceder temporariamente; tomar por empréstimo" (ANTÔNIO HOUAISS, *Dicionário Houaiss da língua portuguesa*, Rio de Janeiro, Objetiva, 2001, p. 1128).

Remeter

"Fazer seguir (algo) para determinado lugar; enviar; expedir; mandar" (ANTÔNIO HOUAISS, *Dicionário Houaiss da língua portuguesa*, Rio de Janeiro, Objetiva, 2001, p. 2425).

Empregar

"Fazer uso de; utilizar; aplicar" (ANTÔNIO HOUAISS, *Dicionário Houaiss da língua portuguesa*, Rio de Janeiro, Objetiva, 2001, p. 1128).

***Manter* sob guarda**

É o mesmo que ter sob seu cuidado ou vigilância, porém em nome de terceiro.

Para configurar o crime não é preciso que o agente esteja presente no local no momento da localização e apreensão da arma de fogo, do acessório ou da munição.

Ocultar

Significa esconder, com o objetivo de não permitir a localização.

➥ Elemento normativo do tipo

Para a configuração penal de qualquer das formas típicas exige-se, em complemento, que a conduta tenha sido praticada *sem autorização e em desacordo com determinação legal ou regulamentar*.

Havendo autorização, ou estando a conduta amparada em determinação legal ou regulamentar, não haverá crime.

➥ Consumação

Com a prática efetiva de qualquer das condutas previstas.

➥ Tentativa

É possível.

Em alguns casos a superficial análise de uma conduta pode sugerir hipótese de simples tentativa quando na verdade já constitui a prática de outra, na modalidade consumada, como é o caso, por exemplo, da *tentativa de transportar*, em que o agente já adquiriu, possui, detém ou porta a arma de fogo.

➥ Ação penal

Pública incondicionada.

➥ Transação penal

É incabível, pois não se trata de infração penal de pequeno potencial ofensivo.

➥ Suspensão condicional do processo

Incabível.

A pena mínima cominada é causa impeditiva, consoante o disposto no art. 89 da Lei n. 9.099/95.

➥ Procedimento em Juízo

Não há procedimento especial para os crimes previstos na Lei n. 10.826/2003.

Segue-se o rito *comum, ordinário* (art. 394, § 1º, I, do CPP), previsto nos arts. 396 a 405 do CPP.

➥ Competência

É da Justiça Estadual.

"A Lei n. 10.826/2003 (Estatuto do Desarmamento) visa a melhorar a segurança pública, através do recolhimento de armas de fogo e munições sem os registros pertinentes, tendo como bem jurídico tutelado a segurança pública. Em regra, a competência para processar e julgar os crimes elencados na Lei n. 10.826/2003 é da competência da Justiça Estadual. O fato de o registro de armas ser efetuado no órgão submetido ao Ministério da Justiça, por si só, não enseja o deslocamento da competência para a Justiça Federal, o que revela interesse genérico e reflexo da União, pois não há ofensa a seus bens, serviços ou interesses" (STJ, CC 98.787/RJ, 3ª S., rel. Min. Arnaldo Esteves Lima, j. 26-8-2009, *DJe* de 23-9-2009).

"A jurisprudência desta Corte já se assentou no sentido de que o julgamento dos delitos previstos no Estatuto do Desarmamento é da competência da Justiça estadual. Precedente: CC 98.787/RJ, rel. Ministro Arnaldo Esteves Lima, 3ª S., j. 26-8-2009, *DJe* 23-9-2009" (STJ, CC 120.493/RJ, 3ª S., rel. Min. Reynaldo Soares da Fonseca, j. 10-6-2015, *DJe* de 22-6-2015).

➥ Pena

Reclusão, de 3 (três) a 6 (seis) anos, e multa.

"No crime de porte ilegal de arma de fogo, o fato de a arma apreendida estar municiada não constitui condição necessária para a configuração do tipo penal descrito no art. 16 da Lei 10.826/2003, e não evidencia maior grau de censura da ação, o que impede o aumento da pena-base. Precedentes" (STJ, AgRg no AREsp 896.648/DF, 5ª T., rel. Min. Ribeiro Dantas, j. 21-2-2019, *DJe* de 1-3-2019).

No mesmo sentido: STJ, AgRg no REsp 1.575.640/SP, 5ª T., rel. Min. Reynaldo Soares da Fonseca, j. 9-8-2016, *DJe* de 17-8-2016; STJ, HC 194.046/ SP, 6ª T., rel. Min. Nefi Cordeiro, j. 3-12-2015, *DJe* de 15-12-2015.

Dispõe o art. 20 da Lei n. 10.826/2003: "Nos crimes previstos nos arts. 14, 15, 16, 17 e 18, a pena é aumentada da metade se: I — forem praticados por integrante dos órgãos e empresas referidas nos arts. 6º, 7º e 8º desta Lei; ou, II — o agente for reincidente específico em crimes dessa natureza".

"A maior potencialidade destrutiva da arma justifica a exasperação da pena base acima do mínimo legal, porquanto a culpabilidade do réu é evidentemente mais grave, dado o maior grau de periculosidade de sua conduta" (STJ, HC 107.693/SP, 5ª T., rel. Min. Arnaldo Esteves Lima, j. 14-4-2009, *DJe* de 18-5-2009, *RT* 886/566).

➥ Regime de cumprimento da pena

É possível o cumprimento da pena em regime fechado, semiaberto ou aberto, a depender do que resultar da incidência das norteadoras dos arts. 33 e 59 do Código Penal.

Em sede de execução penal, havendo condenação por mais de um crime, é preciso observar o disposto no art. 111 da Lei n. 7.210/84. A respeito do tema, conferir: Renato Marcão, *Curso de execução penal*, 18. ed., São Paulo, Saraiva, 2021.

➥ Crime não hediondo

Nos precisos termos do art. 1º, parágrafo único, II, da Lei n. 8.072/90, com a redação da Lei n. 13.964/2019, considera-se hediondo, tentado ou consumado, o crime de posse ou porte ilegal de arma de fogo de uso proibido, previsto no art. 16 da Lei n. 10.826/2003.

Impende considerar que a Lei n. 13.964/2019 alterou referido art. 16, e desde então seu *caput* tem por objeto material a arma de fogo, o acessório ou a munição de uso restrito, e o § 2º se refere tão somente à arma de fogo de uso proibido, sem qualquer referência a acessório ou munição de uso proibido.

Considerando que a norma gravosa não comporta interpretação que se preste a ampliar seu alcance, não se pode considerar hediondas ou assemelhadas as condutas tipificadas no art. 16, *caput* e § 1º da Lei n. 10.826/2003, quando envolverem arma de fogo, acessório ou munição de uso restrito.

Nesse tema, não há equiparação válida. Não cabe interpretação extensiva ou analogia para tornar hedionda conduta que não foi catalogada como tal pelo legislador.

Apenas as hipóteses típicas alcançadas pelo § 2º são hediondas.

A respeito desse tema, o Superior Tribunal de Justiça já decidiu que: "1. Os Legisladores, ao elaborarem a Lei n. 13.497/2017 — que alterou a Lei de Crimes Hediondos — quiseram conferir tratamento mais gravoso apenas ao crime de posse ou porte de arma de fogo, de acessório ou de munição de uso proibido ou restrito, não abrangendo o crime de posse ou porte de arma de fogo, de acessório ou de munição de uso permitido. (...) 3. É certo que a Lei n. 13.964/2019 alterou a redação da Lei de Crimes Hediondos, de modo que, atualmente, se considera equiparado a hediondo o crime de posse ou porte ilegal de arma de fogo de uso proibido, previsto no art. 16 da Lei n. 10.826/2003. 4. Embora o crime ora em análise tenha sido praticado antes da vigência da Lei n. 13.964/2019, cabe destacar que a alteração na redação da Lei de Crimes Hediondos apenas reforça o entendimento ora afirmado, no sentido da natureza não hedionda do porte ou posse de arma de fogo de uso permitido com numeração, marca ou qualquer outro sinal de identificação raspado, suprimido ou adulterado. (...) 6. Esta Corte Superior, até o momento, afirmava que os Legisladores atribuíram reprovação criminal equivalente às condutas descritas no *caput* do art. 16 da Lei n. 10.826/2003 e ao porte ou posse de arma de fogo de uso permitido com numeração suprimida, equiparando a gravidade da ação e do resultado. Todavia, diante dos fundamentos ora apresentados, tal entendimento deve ser superado (*overruling*). 7. Corrobora a necessidade de superação a constatação de que, diante de texto legal obscuro — como é o parágrafo único do art. 1.º da Lei de Crimes Hediondos, na parte em que dispõe sobre a hediondez do crime de posse ou porte ilegal de arma de fogo — e de temas com repercussões relevantes, na execução penal, cabe ao Julgador adotar postura redutora de danos, em consonância com o princípio da humanidade" (STJ, HC 525.249/RS, 6ª T., rel. Min. Laurita Vaz, j. 15-12-2020, *DJe* de 18-12-2020).

Em sentido contrário: STJ, AgRg no HC 460.910/PR, 5ª T., rel. Min. Jorge Mussi, j. 21-11-2019, *DJe* de 28-11-2019; STJ, HC 554.485/SP, 5ª T., rel. Min. Ribeiro Dantas, j. 11-2-2020, *DJe* de 14-2-2020; STJ, HC 624.903/SP, 5ª T., rel. Min. Reynaldo Soares da Fonseca, j. 9-12-2020, *DJe* de 14-12-2020; STJ, HC 526.916/SP, 6ª T., rel. Min. Nefi Cordeiro, j. 1º-10-2019, *DJe* de 8-10-2019.

Art. 16. (...)

§ 1º Nas mesmas penas incorre quem:

I — suprimir ou alterar marca, numeração ou qualquer sinal de identificação de arma de fogo ou artefato;

➥ Classificação

Crime doloso, comum, comissivo, pluriofensivo, material, de perigo abstrato, unissubjetivo e instantâneo.

➥ Norma penal em branco

Sua eficácia está condicionada à existência de outras espécies normativas, de onde se extrai o conceito de arma de fogo e artefato, dependendo basicamente dos Decretos n. 9.845, 9.846, 9.847 e 10.030 de 2019, e dos Decretos n. 10.627, 10.628, 10.629 e 10.630 de 2021.

➥ Objeto jurídico da tutela penal

Visa à tutela da incolumidade, da segurança pública; à preservação da vida e da integridade física das pessoas.

Também estão sujeitas à tutela penal específica as atividades de fiscalização e controle de armas de fogo.

➥ Sujeito ativo

Qualquer pessoa, na medida em que se trata de crime comum. Não se exige qualquer qualidade especial do agente.

➥ Sujeito passivo

A coletividade, assim compreendida a generalidade humana.

O Estado também é sujeito passivo, na exata medida em que se busca tutelar a fiscalização e o controle de armas de fogo no País.

Segundo afirmação objetiva de GUILHERME DE SOUZA NUCCI: "O sujeito passivo é a sociedade. Secundariamente, o Estado" (*Leis penais e processuais penais comentadas*, 13. ed., Rio de Janeiro, Forense, v. 2, 2020, p. 47).

➥ Elemento subjetivo do tipo

É o dolo, que não se presume. Basta o dolo genérico.

Não há forma culposa.

Para a conformação típica é suficiente que o agente pratique uma das condutas reguladas, independentemente de qualquer finalidade específica.

No mesmo sentido: Roberto Delmanto, Roberto Delmanto Junior e Fabio M. de Almeida Delmanto, *Leis penais especiais comentadas*, 3. ed. São Paulo, Saraiva, 2018, p. 814; Renato Brasileiro de Lima, *Legislação criminal especial comentada*, 9. ed., Salvador, JusPodivm, 2021, p. 462.

É possível dizer que em elipse, portanto, de forma subentendida ou implícita, a conduta daquele que suprime ou altera marca, numeração ou qualquer sinal de identificação de arma de fogo ou artefato tem por finalidade dificultar ou tornar impossível o reconhecimento de tais instrumentos. Tal raciocínio, contudo, não autoriza concluir que a conformação típica em questão exige dolo específico.

É que o dolo de suprimir ou alterar já envolve a ideia-fim (suprimir características de molde a dificultar o reconhecimento), e se esvai na própria conduta incriminada, não alcançando, necessariamente, outra finalidade específica.

A diferença se faz clara quando da análise do inciso II do § 1º do art. 16, onde há exigência expressa de uma finalidade específica.

➥ Objeto material

É a arma de fogo e o artefato, que podem ser de uso permitido ou restrito.

O § 1º não tem vinculação com a literalidade expressa no *caput* do art. 16, que se refere taxativamente ao crime de porte ou posse de arma de fogo, acessório ou munição, *de uso restrito*.

Quando o legislador pretende particularizar determinada modalidade de arma (de uso permitido ou de uso proibido ou restrito), faz referência expressa, como ocorre, por exemplo, no art. 12 (... de uso permitido...); no art. 14, *caput* (... de uso permitido...), e no art. 16, *caput* (... de uso restrito...). No art. 16, § 1º, I, não há qualquer restrição a determinado tipo de arma ou artefato, o que autoriza concluir que está se referindo a qualquer tipo de arma de fogo ou artefato, ou seja: *de uso permitido, restrito ou proibido*.

Nessa mesma linha de pensamento, referindo-se ao disposto no art. 16, § 1º, IV, da Lei n. 10.826/2003, decidiu o Plenário do Supremo Tribunal Federal que a figura típica introduziu "cuidado penal inédito do tema, tipificando o portar, possuir ou transportar a arma com a supressão ou alteração do número de série ou de outro sinal de sua identificação, independentemente de a arma de fogo ser de uso restrito, proibido ou permitido, tendo por objeto jurídico, além da incolumidade, a segurança pública, ênfase especial dada ao controle pelo Estado das armas de fogo existentes no país" (STF, RHC 89.889/DF, rel. Min. Cármen Lúcia, j. 29-10-2007).

➥ Tipo objetivo

Ações nucleares do ilícito:

Suprimir

"Extinguir, eliminar, cancelar" (ANTÔNIO HOUAISS, *Dicionário Houaiss da língua portuguesa*, Rio de Janeiro, Objetiva, 2001, p. 2644).

Alterar

"Causar ou sofrer mudança ou alteração; modificar; mudar (na forma, cor etc.); transformar; tirar as características originais de; falsificar; adulterar" (ANTÔNIO HOUAISS, *Dicionário Houaiss da língua portuguesa*, Rio de Janeiro, Objetiva, 2001, p. 169).

➥ Arma de fogo

No glossário constante do Anexo III do Decreto n. 10.030/2019 encontramos a seguinte definição para arma de fogo: "Arma que arremessa projéteis empregando a força expansiva dos gases, gerados pela combustão de um propelente confinado em uma câmara, normalmente solidária a um cano, que tem a função de dar continuidade à combustão do propelente, além de direção e estabilidade ao projétil".

Somente arma de fogo em sentido próprio é que se presta à configuração do crime. Arma imprópria, jamais.

➥ Artefato

Considera-se artefato o dispositivo, aparelho, engenho, objeto ou mecanismo construído para um fim determinado (ANTÔNIO HOUAISS, *Dicionário Houaiss da língua portuguesa*, Rio de Janeiro, Objetiva, 2001, p. 306).

➥ Elemento normativo do tipo

Embora não esteja expresso no inciso I do § 1º do art. 16, para a configuração penal de qualquer das formas típicas exige-se, em complemento, que a conduta tenha sido praticada *sem autorização e em desacordo com determinação legal ou regulamentar*, como aponta o *caput* do art. 16.

Se houver autorização, ou a conduta estiver amparada em determinação legal ou regulamentar, não haverá crime.

➥ Consumação

Com a prática efetiva de qualquer das condutas previstas.

➥ Tentativa

É possível.

Muito embora seja incomum, não se pode descartar a hipótese de ser o agente surpreendido no momento em que está iniciando a supressão ou alteração da marca, numeração, ou de qualquer sinal de identificação da arma de fogo ou artefato.

Conforme advertiu Nélson Hungria, não se deve levar para a doutrina da tentativa o que apenas representa uma dificuldade prática no terreno da prova[13].

Em sentido contrário, entendendo que "não é possível por serem ambas as condutas unissubsistentes, não havendo que se falar em *iter criminis*", conferir: Roberto Delmanto, Roberto Delmanto Junior e Fabio M. de Almeida Delmanto, *Leis penais especiais comentadas*, 3. ed., São Paulo, Saraiva, 2018, p. 814.

➥ Ação penal

Pública incondicionada.

➥ Transação penal

É incabível.

Não se trata de infração penal de pequeno potencial ofensivo.

➥ Suspensão condicional do processo

Incabível.

A pena mínima cominada é causa impeditiva, consoante o disposto no art. 89 da Lei n. 9.099/95.

➥ Procedimento em Juízo

Não há procedimento especial para os crimes previstos na Lei n. 10.826/2003.

Segue-se o rito *comum, ordinário* (art. 394, § 1º, I, do CPP), previsto nos arts. 396 a 405 do CPP.

➥ Competência

É da Justiça Estadual.

Para melhor compreensão, consultar o tópico intitulado "Generalidades", que está logo depois da análise detalhada das figuras penais.

➥ Pena

Reclusão, de 3 (três) a 6 (seis) anos, e multa.

Dispõe o art. 20 da Lei n. 10.826/2003: "Nos crimes previstos nos arts. 14, 15, 16, 17 e 18, a pena é aumentada da metade se: I — forem praticados por integrante dos órgãos e empresas referidas nos arts. 6º, 7º e 8º desta Lei; ou, II — se o agente for reincidente específico em crimes dessa natureza".

---

13 Nélson Hungria, *Comentários ao Código Penal*, 3. ed., Rio de Janeiro, Forense, 1955, v. 5, p. 73.

➥ Regime de cumprimento da pena

É possível o cumprimento da pena em regime fechado, semiaberto ou aberto, a depender do que resultar da incidência das norteadoras dos arts. 33 e 59 do CP.

Em sede de execução penal, havendo condenação por mais de um crime, é preciso observar o disposto no art. 111 da Lei n. 7.210/84. A respeito do tema, conferir: Renato Marcão, *Curso de execução penal*, 18. ed., São Paulo, Saraiva, 2021.

> ***Art. 16.*** *(...)*
>
> *§ 1º (...)*
>
> *II — modificar as características de arma de fogo, de forma a torná-la equivalente a arma de fogo de uso proibido ou restrito ou para fins de dificultar ou de qualquer modo induzir a erro autoridade policial, perito ou juiz;*

➥ Classificação

Crime doloso, comum, comissivo, pluriofensivo, material, de perigo abstrato, unissubjetivo e instantâneo.

➥ Norma penal em branco

Sua eficácia está condicionada à existência de outras espécies normativas, de onde se extrai o conceito de arma de fogo, e também quais são as armas de fogo de uso permitido e as de uso proibido ou restrito, dependendo basicamente dos Decretos n. 9.845, 9.846, 9.847 e 10.030, de 2019, e dos Decretos n. 10.627, 10.628, 10.629 e 10.630, de 2021.

➥ Objeto jurídico da tutela penal

Visa à tutela da incolumidade pública; à preservação da vida e da integridade física das pessoas, e também à administração da justiça.

➥ Sujeito ativo

Qualquer pessoa, na medida em que se trata de crime comum. Não se exige qualquer qualidade especial do agente.

➥ Sujeito passivo

A coletividade, assim compreendida a generalidade humana.

Também o Estado é sujeito passivo, na exata medida em que se busca tutelar a administração da justiça.

➥ Elemento subjetivo do tipo

É o dolo, que não se presume. É necessário dolo específico.

Não há forma culposa.

O dolo é alternativo e deve objetivar uma das finalidades específicas apontadas. O agente deve modificar as características da arma de fogo *de forma a torná-la equivalente a arma de fogo de uso proibido ou restrito*, ou proceder de tal forma *para o fim de dificultar ou de qualquer modo induzir a erro autoridade policial, perito ou juiz*.

➥ Objeto material

É a arma de fogo, que dependendo da hipótese típica poderá ser de uso permitido ou de uso proibido ou restrito.

➥ Tipo objetivo

Ação nuclear do ilícito:

Modificar

"Fazer alteração em (algo)" (Antônio Houaiss, *Dicionário Houaiss da língua portuguesa*, Rio de Janeiro, Objetiva, 2001, p. 1942).

➥ Arma de fogo

No glossário constante do Anexo III do Decreto n. 10.030/2019 encontramos a seguinte definição de arma de fogo: "Arma que arremessa projéteis empregando a força expansiva dos gases, gerados pela combustão de um propelente confinado em uma câmara, normalmente solidária a um cano, que tem a função de dar continuidade à combustão do propelente, além de direção e estabilidade ao projétil".

Somente arma de fogo em sentido próprio é que se presta à configuração do crime. Arma imprópria, jamais.

➥ Arma de fogo de uso restrito

Em precisos termos, o art. 3º, parágrafo único, II, do Anexo I, do Decreto n. 10.030/2019, define como arma de fogo de uso restrito as armas de fogo automáticas, de qualquer tipo ou calibre, semiautomáticas ou de repetição que sejam: a) não portáteis; b) de porte, cujo calibre nominal, com a utilização de munição comum, atinja, na saída do cano de prova, energia cinética superior a mil e duzentas libras-pé ou mil seiscentos e vinte joules; ou c) portáteis de alma raiada, cujo calibre nominal, com a utilização de munição comum, atinja, na saída do cano de prova, energia cinética superior a mil e duzentas libras-pé ou mil seiscentos e vinte joules.

➥ Arma de fogo de uso proibido

São armas de fogo de uso proibido: a) as armas de fogo classificadas como de uso proibido em acordos ou tratados internacionais dos quais a República Federativa do Brasil seja signatária; e b) as armas de fogo dissimuladas, com aparência de objetos inofensivos (art. 3º, parágrafo único, III, do Anexo I do Decreto n. 10.030/2019).

➥ Elemento normativo do tipo

Com relação à primeira forma típica, é necessário que o agente tenha modificado as características da arma de fogo de forma a torná-la equivalente a arma de fogo de uso proibido ou restrito, *sem autorização e em desacordo com determinação legal ou regulamentar.*

Se houver autorização, ou a conduta estiver amparada em determinação legal ou regulamentar, não haverá crime.

Inimaginável, por outro vértice, qualquer possibilidade de autorização ou determinação legal ou regulamentar para *modificar as características de arma de fogo para fins de dificultar ou de qualquer modo induzir a erro autoridade policial, perito ou juiz.*

➥ Consumação

Com a prática efetiva de qualquer das condutas previstas.

➥ Tentativa

É possível.

Notadamente na primeira hipótese de incidência penal, em que o agente poderá ser surpreendido no momento em que está modificando as características da arma de fogo, de forma a torná-la equivalente a arma de fogo de uso proibido ou restrito.

Quanto à segunda forma típica, mesmo diante da complexidade que decorre do dolo específico é possível, mas quase sempre dependente da confissão do infrator.

Não se pode descartar a hipótese de ser ele surpreendido no momento em que modificava a arma de fogo e, preso em flagrante, confessar que assim procedia *para fins de dificultar ou de qualquer modo induzir a erro autoridade policial, perito ou juiz.*

➥ Ação penal

Pública incondicionada.

➥ Transação penal

É incabível.

Não se trata de infração penal de pequeno potencial ofensivo.

➥ Suspensão condicional do processo

Incabível.

A pena mínima cominada é causa impeditiva, consoante o disposto no art. 89 da Lei n. 9.099/95.

➥ Procedimento em Juízo

Não há procedimento especial para os crimes previstos na Lei n. 10.826/2003.

Segue-se o rito *comum, ordinário* (art. 394, § 1º, I, do CPP), previsto nos arts. 396 a 405 do CPP.

➥ Competência

É da Justiça Estadual.

Para melhor compreensão, consultar o tópico intitulado "GENERALIDADES", que está logo depois da análise detalhada das figuras penais.

➥ Pena

Reclusão, de 3 (três) a 6 (seis) anos, e multa.

Dispõe o art. 20 da Lei n. 10.826/2003: "Nos crimes previstos nos arts. 14, 15, 16, 17 e 18, a pena é aumentada da metade se: I — forem praticados por integrante dos órgãos e empresas referidas nos arts. 6º, 7º e 8º desta Lei; ou, II — o agente for reincidente específico em crimes dessa natureza".

➥ Regime de cumprimento da pena

É possível o cumprimento da pena em regime fechado, semiaberto ou aberto, a depender do que resultar da incidência das norteadoras dos arts. 33 e 59 do CP.

Em sede de execução penal, havendo condenação por mais de um crime, é preciso observar o disposto no art. 111 da Lei n. 7.210/84. A respeito do tema, conferir: RENATO MARCÃO, *Curso de execução penal*, 18. ed., São Paulo, Saraiva, 2021.

***Art. 16.** (...)*

***§ 1º** (...)*

***III** — possuir, deter, fabricar ou empregar artefato explosivo ou incendiário, sem autorização ou em desacordo com determinação legal ou regulamentar;*

➥ Classificação

Crime doloso, comum, vago, comissivo, de mera conduta, formal na modalidade *empregar*, de perigo abstrato, unissubjetivo. É crime instantâneo nas modalidades *fabricar* e *empregar*, e crime permanente nas modalidades *possuir* e *deter*.

➥ Norma penal em branco

Sua eficácia está condicionada à existência de outras espécies normativas, de onde se extrai o conceito de artefato explosivo ou incendiário, dependendo basicamente dos Decretos n. 9.845, 9.846, 9.847 e 10.030, de 2019, e dos Decretos n. 10.627, 10.628, 10.629 e 10.630, de 2021.

➥ Objeto jurídico da tutela penal

É a incolumidade pública. Visa à preservação da vida e da integridade física das pessoas.

➥ Sujeito ativo

Qualquer pessoa, na medida em que se trata de crime comum. Não se exige nenhuma qualidade especial do agente.

➥ Sujeito passivo

Trata-se de crime vago, em que sujeito passivo é a coletividade, assim compreendida a generalidade humana, a sociedade em geral.

➥ Elemento subjetivo do tipo

É o dolo, que não se presume. Basta o dolo genérico.

Não há forma culposa.

➥ Objeto material

É o artefato explosivo ou incendiário.

➥ Tipo objetivo

Ações nucleares do ilícito:

Possuir

"Ter a posse de; ter como propriedade; ser proprietário de" (ANTÔNIO HOUAISS, *Dicionário Houaiss da língua portuguesa*, Rio de Janeiro, Objetiva, 2001, p. 2271).

Deter

"Reter em seu poder; ter a posse legítima ou ilegítima de alguma coisa; prender, suster" (ANTÔNIO HOUAISS, *Dicionário Houaiss da língua portuguesa*, Rio de Janeiro, Objetiva, 2001, p. 1022).

Fabricar

"Produzir (algo) a partir de matérias-primas; manufaturar" (ANTÔNIO HOUAISS, *Dicionário Houaiss da língua portuguesa*, Rio de Janeiro, Objetiva, 2001, p. 1296).

Empregar

"Fazer uso de; utilizar; aplicar" (ANTÔNIO HOUAISS, *Dicionário Houaiss da língua portuguesa*, Rio de Janeiro, Objetiva, 2001, p. 1128).

➥ Artefato explosivo ou incendiário

O conceito de *artefato explosivo* se extrai das definições que seguem:

Considera-se *artefato* o dispositivo, aparelho, engenho, objeto ou mecanismo construído para um fim determinado (Antônio Houaiss, *Dicionário Houaiss da língua portuguesa*, Rio de Janeiro, Objetiva, 2001, p. 306).

No glossário do Decreto n. 10.030/2019 encontramos as seguintes definições:

Explosivo: tipo de matéria que, quando iniciada, sofre decomposição muito rápida, com grande liberação de calor e desenvolvimento súbito de pressão.

Acessório explosivo: engenho não muito sensível, de elevada energia de ativação, que tem por finalidade fornecer energia suficiente à continuidade de um trem explosivo e que necessita de um acessório iniciador para ser ativado.

Considera-se *artefato incendiário* qualquer mecanismo apto a produzir incêndio.

➥ Art. 253 do Código Penal

Não foi revogado.

O art. 16, § 1º, III, da Lei n. 10.826/2003, tratou apenas em parte da matéria regulada no art. 253 do CP e, portanto, acarretou revogação parcial; mera derrogação.

➥ Elemento normativo do tipo

Para a tipificação exige-se, em complemento, que a conduta tenha sido praticada *sem autorização e em desacordo com determinação legal ou regulamentar*.

Havendo autorização, ou estando a conduta amparada em determinação legal ou regulamentar, não haverá crime.

➥ Consumação

Com a prática efetiva de qualquer das condutas previstas.

➥ Tentativa

É possível.

➥ Ação penal

Pública incondicionada.

➥ Transação penal

É incabível.

Não se trata de infração penal de pequeno potencial ofensivo.

➥ Suspensão condicional do processo

Incabível.

A pena mínima cominada é causa impeditiva, consoante o disposto no art. 89 da Lei n. 9.099/95.

➥ Procedimento em Juízo

Não há procedimento especial para os crimes previstos na Lei n. 10.826/2003.

Segue-se o rito *comum, ordinário* (art. 394, § 1º, I, do CPP), previsto nos arts. 396 a 405 do CPP.

➥ Competência

É da Justiça Estadual.

Para melhor compreensão, consultar o tópico intitulado "GENERALIDADES", que está logo depois da análise detalhada das figuras penais.

➥ Pena

Reclusão, de 3 (três) a 6 (seis) anos, e multa.

Dispõe o art. 20 da Lei n. 10.826/2003: "Nos crimes previstos nos arts. 14, 15, 16, 17 e 18, a pena é aumentada da metade se: I — forem praticados por integrante dos órgãos e empresas referidas nos arts. 6º, 7º e 8º desta Lei; ou, II — o agente for reincidente específico em crimes dessa natureza".

➥ Regime de cumprimento da pena

É possível o cumprimento da pena em regime fechado, semiaberto ou aberto, a depender do que resultar da incidência das norteadoras dos arts. 33 e 59 do CP.

Em sede de execução penal, havendo condenação por mais de um crime, é preciso observar o disposto no art. 111 da Lei n. 7.210/84. A respeito do tema, conferir: RENATO MARCÃO, *Curso de execução penal*, 18. ed., São Paulo, Saraiva, 2021.

Art. 16. *(...)*

§ 1º (...)

IV — portar, possuir, adquirir, transportar ou fornecer arma de fogo com numeração, marca ou qualquer outro sinal de identificação raspado, suprimido ou adulterado;

➥ Classificação

Crime doloso, comum, comissivo, pluriofensivo, de mera conduta, de perigo abstrato, unissubjetivo. É crime permanente nas modalidades *portar*, *possuir* e *transportar*, e instantâneo nas modalidades *adquirir* e *fornecer*.

➥ Norma penal em branco

Sua eficácia está condicionada à existência de outras espécies normativas, de onde se extrai o conceito de arma de fogo, dependendo basicamente dos Decretos n. 9.845, 9.846, 9.847 e 10.030, de 2019, e dos Decretos n. 10.627, 10.628, 10.629 e 10.630, de 2021.

➥ Objeto jurídico da tutela penal

Visa à tutela da incolumidade, da segurança pública; à preservação da vida e da integridade física das pessoas, da sociedade em geral.

A figura típica tem por objeto jurídico, "além da incolumidade, a segurança pública, ênfase especial dada ao controle pelo Estado das armas de fogo existentes no país" (STF, RHC 89.889/DF, Tribunal Pleno, rel. Min. Cármen Lúcia, j. 29-10-2007).

"O objeto jurídico protegido pela Lei n. 10.826/2003 é a incolumidade de toda a sociedade, vítima em potencial do uso irregular das armas de fogo, não havendo qualquer violação direta aos interesses da União, a despeito de ser o SINARM um ente federal" (STJ, HC 57.348/RJ, 5ª T., rel. Min. Gilson Dipp, j. 12-6-2006, *DJ* de 1º-8-2006, p. 502).

"A jurisprudência desta Corte é remansosa no sentido de que o delito previsto no art. 16 da Lei n. 10.826/2003 tem como bem jurídico tutelado a incolumidade pública" (STJ, HC 442.036/SP, 6ª T., rel. Min. Maria Thereza de Assis Moura, j. 12-6-2018, *DJe* de 19-6-2018).

Também estão sujeitas à tutela penal específica as atividades do Estado no campo da fiscalização e controle de armas de fogo.

"Além da incolumidade pública, atinge outro bem tutelado, que é a seriedade dos cadastros do Sistema Nacional de Armas" (TJSP, Ap. 0079864-25.2009.8.26.0050, 6ª CCrim., rel., Des. Machado de Andrade, j. 5-5-2011).

➥ Sujeito ativo

Qualquer pessoa, na medida em que se trata de crime comum. Não se exige nenhuma qualidade especial do agente.

"Verifica-se que o crime de transportar e portar ou possuir arma de fogo com numeração, marca ou qualquer outro sinal de identificação raspado, suprimido ou adulterado não exige qualquer condição especial do sujeito ativo ou que a conduta seja praticada pessoal e exclusivamente por um único agente, podendo ser reconhecido concurso eventual de pessoas" (STJ, AgRg no AREsp 1.500.407/SP, 5ª T., rel. Min. Reynaldo Soares da Fonseca, j. 15-8-2019, *DJe* de 30-8-2019).

➥ Sujeito passivo

A coletividade, assim compreendida a generalidade humana.

O Estado também é sujeito passivo, na exata medida em que se busca tutelar a fiscalização e o controle de armas de fogo no País.

➥ Elemento subjetivo do tipo

É o dolo, que não se presume. É suficiente o dolo genérico.

Não há forma culposa.

➥ Objeto material

É a arma de fogo, que poderá ser *de uso permitido* ou *de uso proibido ou restrito*, desde que esteja com a numeração, marca ou qualquer outro sinal de identificação raspado, suprimido ou adulterado.

Por aqui, o § 1º não tem vinculação com a literalidade expressa no *caput* do art. 16, que se refere taxativamente ao crime de porte ou posse de arma de fogo, acessório ou munição, *de uso restrito*.

Quando o legislador pretende particularizar determinada modalidade de arma (de uso permitido ou de uso proibido ou restrito), faz referência expressa, como ocorre, por exemplo, no art. 12 (... de uso permitido...); no art. 14, *caput* (... de uso permitido...), no art. 16, *caput* (... de uso restrito...), e no art. 16, § 2º (... uso proibido). No art. 16, § 1º, IV, não há qualquer restrição a determinado tipo de arma, o que autoriza concluir que está se referindo a qualquer tipo de arma de fogo, ou seja: *de uso permitido* ou *de uso restrito ou proibido*.

Nessa mesma linha de pensamento, referindo-se ao dispositivo em comento, decidiu o Plenário do Supremo Tribunal Federal que a figura típica introduziu "cuidado penal inédito do tema, tipificando o portar, possuir ou transportar a arma com a supressão ou alteração do número de série ou de outro sinal de sua identificação, independentemente de a arma de fogo ser de uso restrito, proibido ou permitido, tendo por objeto jurídico, além da incolumidade, a segurança pública, ênfase especial dada ao controle pelo Estado das armas de fogo existentes no país" (STF, RHC 89.889/DF, rel. Min. Cármen Lúcia, j. 29-10-2007).

No mesmo sentido: STJ, REsp 1.036.597/RJ, 5ª T., rel. Min. Felix Fischer, j. 21-8-2008, *DJe* de 20-10-2008; STJ, HC 322.182/RS, 5ª T., rel. Min. Ribeiro Dantas, j. 1-9-2016, *DJe* de 20-9-2016; STJ, AgRg no HC 515.612/SP, 6ª T., rel. Min. Antonio Saldanha Palheiro, j. 26-5-2020, *DJe* de 3-6-2020.

Tem relevo observar, por fim, que o atual § 2º do art. 16, introduzido pela Lei n. 13.964/2019, comina pena de 4 (quatro) a 12 (doze) anos, se a conduta envolver arma de fogo de uso proibido.

➥ Tipo objetivo

As condutas descritas no tipo de delito sob análise podem ter por objeto material apenas arma de fogo, que pode ser de uso permitido, restrito ou proibido.

Na hipótese de arma de fogo de uso proibido, a pena está prevista no § 2º, introduzido pela Lei n. 13.964/2019, *verbis*: "Se as condutas descritas no *caput* e no § 1º deste artigo envolverem arma de fogo de uso proibido, a pena é de reclusão, de 4 (quatro) a 12 (doze) anos".

Ações nucleares do ilícito:

Portar

"Ter consigo (algo) enquanto se movimenta; levar, carregar" (ANTÔNIO HOUAISS, *Dicionário Houaiss da língua portuguesa*, Rio de Janeiro, Objetiva, 2001, p. 2266).

Possuir

"Ter a posse de; ter como propriedade; ser proprietário de" (Antônio Houaiss, *Dicionário Houaiss da língua portuguesa*, Rio de Janeiro, Objetiva, 2001, p. 2271).

Adquirir

"Entrar na posse de algum bem, através de contrato legal ou não; tornar-se proprietário, dono de; obter; conseguir (bem material) através de compra" (Antônio Houaiss, *Dicionário Houaiss da língua portuguesa*, Rio de Janeiro, Objetiva, 2001, p. 90).

Transportar

"Levar ou conduzir (seres animados ou coisas) a (determinado lugar); carregar" (Antônio Houaiss, *Dicionário Houaiss da língua portuguesa*, Rio de Janeiro, Objetiva, 2001, p. 2753).

Fornecer

"Auxiliar doando armamentos, equipamentos etc.; fortificar; guarnecer; equipar; pôr (algo) ao alcance de (outrem); proporcionar; facilitar; dar" (Antônio Houaiss, *Dicionário Houaiss da língua portuguesa*, Rio de Janeiro, Objetiva, 2001, p. 1376).

➥ Arma de fogo

No glossário constante do Anexo III do Decreto n. 10.030/2019 encontramos a seguinte definição para arma de fogo: "Arma que arremessa projéteis empregando a força expansiva dos gases, gerados pela combustão de um propelente confinado em uma câmara, normalmente solidária a um cano, que tem a função de dar continuidade à combustão do propelente, além de direção e estabilidade ao projétil".

Somente arma de fogo em sentido próprio é que se presta à configuração do crime. Arma imprópria, jamais.

➥ Elemento normativo do tipo

Embora não esteja expresso no inciso IV, para a configuração típica é imprescindível que a conduta tenha sido praticada *sem autorização e em desacordo com determinação legal ou regulamentar*.

Se houver autorização, ou a conduta estiver amparada em determinação legal ou regulamentar, não haverá crime.

➥ Consumação

Com a prática efetiva de qualquer das condutas previstas.

"Os crimes dos arts. 14 e 16 da Lei n. 10.826/2003, se consumam com a mera posse de arma de fogo, em desacordo com as normas regulamentares" (TJMG, Ap. 1.0024.04.259100-8/001, 3ª CCrim, rel. Des. Antônio Carlos Cruvinel, j. 6-12-2005).

"A manutenção em depósito de arma de fogo de uso restrito, em perfeitas condições de uso, sem o devido registro e com a numeração raspada ou suprimida, basta para caracterizar o delito" (TJSP, Ap. 910300.3/0-0000-000, 11ª Câm. do 6º Gr. da S. Crim., rel. Des. Antonio Manssur, j. 7-6-2006, *RT* 852/570-571).

➥ Tentativa

É possível, mas apenas nas modalidades *adquirir* e *fornecer*.

➥ Ação penal

Pública incondicionada.

➥ Transação penal

É incabível.

Não se trata de infração penal de pequeno potencial ofensivo.

➥ Suspensão condicional do processo

Incabível.

A pena mínima cominada é causa impeditiva, consoante o disposto no art. 89 da Lei n. 9.099/95.

➥ Procedimento em Juízo

Não há procedimento especial para os crimes previstos na Lei n. 10.826/2003.

Segue-se o rito *comum, ordinário* (art. 394, § 1º, I, do CPP), previsto nos arts. 396 a 405 do CPP.

➥ Competência

É da Justiça Estadual.

Para melhor compreensão, consultar o tópico intitulado "GENERALIDADES", que está logo depois da análise detalhada das figuras penais.

"O simples fato de se tratar de porte de arma de fogo com numeração raspada não evidencia, por si só, a competência da Justiça Federal. Hipótese em que não restou caracterizada agressão direta aos interesses, bens ou serviços da União, que ensejasse o deslocamento da competência para a Justiça Federal, nos termos do art. 109 da Constituição Federal" (STJ, HC 57.348/RJ, 5ª T., rel. Min. Gilson Dipp, j. 12-6-2006, *DJ* de 1º-8-2006, p. 502).

➥ Pena

Reclusão, de 3 (três) a 6 (seis) anos, e multa.

Dispõe o art. 20 da Lei n. 10.826/2003: "Nos crimes previstos nos arts. 14, 15, 16, 17 e 18, a pena é aumentada da metade se: I — forem praticados por integrante dos órgãos e empresas referidas nos arts. 6º, 7º e 8º desta Lei; ou, II — se o agente for reincidente específico em crimes dessa natureza".

➥ Regime de cumprimento da pena

É possível o cumprimento da pena em regime fechado, semiaberto ou aberto, a depender do que resultar da incidência das norteadoras dos arts. 33 e 59 do CP.

Em sede de execução penal, havendo condenação por mais de um crime, é preciso observar o disposto no art. 111 da Lei n. 7.210/84. A respeito do tema, conferir: Renato Marcão, *Curso de execução penal*, 18. ed., São Paulo, Saraiva, 2021.

➥ Arma desmuniciada

"A arma de fogo desmuniciada não infirma a conduta tipificada no artigo 16, inciso IV, da Lei n. 10.826/2003. Isso porque, com ou sem munição, dela sempre deverá constar número de série, marca ou sinal de identificação, a fim de garantir o controle estatal" (STF, HC 91.853/SP, 2ª T., rel. Min. Eros Grau, j. 6-10-2009, *DJe* de 28-10-2009).

"O porte ilegal de arma de fogo é crime de perigo abstrato, consumando-se pela objetividade do ato em si de alguém levar consigo arma de fogo, desautorizadamente e em desacordo com determinação legal ou regulamentar. Donde a irrelevância de estar municiada a arma, ou não, pois o crime de perigo abstrato é assim designado por prescindir da demonstração de ofensividade real" (STF, RHC 91.553-1/DF, 1ª T., rel. Min. Carlos Britto, j. 23-6-2009, *DJe* n. 157 de 21-8-2009, *RT* 890/513).

"Esta Corte Superior firmou o entendimento de que é irrelevante estar a arma desmuniciada para a configuração do delito de posse ilegal de arma de fogo de uso restrito, por se tratar de crime de mera conduta e de perigo abstrato" (STJ, AgRg no HC 450.234/MS, 6ª T., rel. Min. Nefi Cordeiro, j. 6-11-2018, *DJe* de 21-11-2018).

➥ Arma encontrada no banco traseiro do veículo

Configura o crime.

No mesmo sentido: TJSP, ApCrim 1.006.218-3/1, 10ª Câm. do 5º Gr. da S. Crim., rel. Des. Juvenal Duarte, j. 21-11-2007, *Boletim de Jurisprudência do TJSP*, n. 137.

"Se a arma estava no interior de um veículo, estacionado na rua, a conduta praticada pelo réu não é a de 'posse', mas sim de porte de arma de fogo" (TJPR, ApCrim 0421248-8-, 2ª CCrim., rel. Des. Noeval de Quadros, *DJ* de 6-9-2007).

➥ Prova pericial

Nos precisos termos do art. 158, *caput*, do CPP: "Quando a infração deixar vestígios, será indispensável o exame de corpo de delito, direto ou indireto, não podendo supri-lo a confissão do acusado".

Portanto, é preciso provar pericialmente a eficácia da arma, do acessório ou da munição, para aferir a potencialidade lesiva, a real capacidade de ofensa ao bem jurídico tutelado.

Arma que não está apta a efetuar disparo não pode ser considerada *arma* para os fins do art. 16 da Lei n. 10.826/2003. Acessório ou munição que não se encontre em condição de uso eficaz, não se presta à configuração da conduta proscrita.

Logicamente, é imprescindível prova pericial específica, com vistas a demonstrar que a numeração, marca ou qualquer sinal de identificação fora raspado, suprimido ou adulterado.

> ***Art. 16.*** *(...)*
>
> *§ 1º (...)*
>
> *V — vender, entregar ou fornecer, ainda que gratuitamente, arma de fogo, acessório, munição ou explosivo a criança ou adolescente; e*

➥ Classificação

Crime doloso, comum, comissivo, de mera conduta, de perigo abstrato, unissubjetivo e instantâneo.

➥ Norma penal em branco

Sua eficácia está condicionada à existência de outras espécies normativas, de onde se extrai o conceito de arma de fogo, acessório, munição e explosivo, dependendo basicamente dos Decretos n. 9.845, 9.846, 9.847 e 10.030, de 2019, e dos Decretos n. 10.627, 10.628, 10.629 e 10.630, de 2021.

➥ Objeto jurídico da tutela penal

De forma especial ou imediata, o objeto jurídico da tutela penal recai sobre a incolumidade física da criança e do adolescente.

De forma mediata, visa à tutela da incolumidade pública; à preservação da vida e da integridade física das pessoas, da sociedade em geral.

➥ Sujeito ativo

Qualquer pessoa.

Trata-se de crime comum, em que não se exige nenhuma qualidade especial do agente.

➥ Sujeito passivo

De forma imediata: a criança e o adolescente.

De forma mediata: a coletividade; a sociedade em geral.

➥ Elemento subjetivo do tipo

É o dolo, que não se presume. É suficiente o dolo genérico.

Não há forma culposa.

➥ Objeto material

É a arma de fogo, acessório, munição ou explosivo.

➥ Tipo objetivo

Ações nucleares do ilícito:

Vender

"Transferir (bem ou mercadoria) para outrem em troca de dinheiro; praticar o comércio de; comerciar com; negociar; pôr (algo) à venda; oferecer para venda" (Antônio Houaiss, *Dicionário Houaiss da língua portuguesa*, Rio de Janeiro, Objetiva, 2001, p. 2840).

Entregar

"Fazer chegar; passar às mãos de" (Antônio Houaiss, *Dicionário Houaiss da língua portuguesa*, Rio de Janeiro, Objetiva, 2001, p. 1166).

Fornecer

"Auxiliar doando armamentos, equipamentos etc.; fortificar; guarnecer; equipar; pôr (algo) ao alcance de (outrem); proporcionar; facilitar; dar" (Antônio Houaiss, *Dicionário Houaiss da língua portuguesa*, Rio de Janeiro, Objetiva, 2001, p. 1376).

➥ Arma de fogo

No glossário constante do Anexo III do Decreto n. 10.030/2019 encontramos a seguinte definição para arma de fogo: "Arma que arremessa projéteis empregando a força expansiva dos gases, gerados pela combustão de um propelente confinado em uma câmara, normalmente solidária a um cano, que tem a função de dar continuidade à combustão do propelente, além de direção e estabilidade ao projétil".

Somente arma de fogo em sentido próprio é que se presta à configuração do crime. Arma imprópria, jamais.

➥ Acessório de arma de fogo

O glossário constante do Anexo III do Decreto n. 10.030/2019 considera acessório de arma de fogo os artefatos listados nominalmente na legislação como Produto Controlado pelo Exército — PCE que, acoplados a uma arma, possibilitam a alteração da configuração normal do armamento, tal como um supressor de som.

➥ Munição

Entende-se por munição o cartucho completo ou seus componentes, incluídos o estojo, a espoleta, a carga propulsora, o projétil e a bucha utilizados em armas de fogo.

Esta definição se encontrava no art. 2º, X, do Decreto n. 9.845/2019, que foi expressamente revogado pelo art. 2º do Decreto n. 10.628/2021, mas não encontramos óbice a que seja adotada.

Muito embora o atual art. 3º do Decreto n. 10.030/2019 forneça as definições de munição de uso restrito e de munição de uso proibido, é certo que não define munição especificamente.

➥ Aquisição de acessórios e munição

A aquisição de munição somente poderá ser feita no calibre correspondente à arma registrada e na quantidade estabelecida no regulamento dessa lei (art. 4º, § 2º, da Lei n. 10.826/2003).

➥ Portaria Interministerial n. 1.634/GM-MD, de 22 de abril de 2020

Estabelece os quantitativos máximos de munições passíveis de aquisição pelos integrantes dos órgãos e instituições previstos nos incisos I a VII e X do *caput* art. 6º da Lei n. 10.826/2003, e pelas pessoas físicas autorizadas a adquirir ou portar arma de fogo, e pelos demais agentes autorizados por legislação especial a portar arma de fogo.

➥ Explosivo

Do glossário do Decreto n. 10.030/2019 retiramos as seguintes definições:

Explosivo: tipo de matéria que, quando iniciada, sofre decomposição muito rápida, com grande liberação de calor e desenvolvimento súbito de pressão.

Acessório explosivo: engenho não muito sensível, de elevada energia de ativação, que tem por finalidade fornecer energia suficiente à continuidade de um trem explosivo e que necessita de um acessório iniciador para ser ativado.

➥ Criança e adolescente

Considera-se criança, para os termos da Lei n. 8.069/90, (Estatuto da Criança e do Adolescente), a pessoa até 12 anos de idade incompletos, e adolescente aquela entre 12 e 18 anos de idade.

➥ Art. 242 do ECA

O inciso V do § 1º do art. 16 da Lei n. 10.826/2003, revogou tacitamente o art. 242 da Lei n. 8.069/90 (Estatuto da Criança e do Adolescente), pois lhe é posterior e cuidou inteiramente da matéria a que este se dedicava.

Entendendo que houve derrogação: César Dario Mariano da Silva, *Estatuto do Desarmamento*, 2. ed., Rio de Janeiro, Forense, 2005, p. 144.

➥ Consumação

Com a prática efetiva de qualquer das condutas previstas.

➥ Tentativa

É admissível, em qualquer das modalidades.

➥ Ação penal

Pública incondicionada.

➥ Transação penal

É incabível.

Não se trata de infração penal de pequeno potencial ofensivo.

➥ Suspensão condicional do processo

Incabível.

A pena mínima cominada é causa impeditiva, consoante o disposto no art. 89 da Lei n. 9.099/95.

➥ Procedimento em Juízo

Não há procedimento especial para os crimes previstos na Lei n. 10.826/2003.

Segue-se o rito *comum, ordinário* (art. 394, § 1º, I, do CPP), previsto nos arts. 396 a 405 do CPP.

➥ Competência

É da Justiça Estadual.

Para melhor compreensão, consultar o tópico intitulado "GENERALIDADES", que está logo depois da análise detalhada das figuras penais.

➥ Pena

Reclusão, de 3 (três) a 6 (seis) anos, e multa.

Dispõe o art. 20 da Lei n. 10.826/2003: "Nos crimes previstos nos arts. 14, 15, 16, 17 e 18, a pena é aumentada da metade se: I — forem praticados por integrante dos órgãos e empresas referidas nos arts. 6º, 7º e 8º desta Lei; ou, II — o agente for reincidente específico em crimes dessa natureza".

➥ Regime de cumprimento da pena

É possível o cumprimento da pena em regime fechado, semiaberto ou aberto, a depender do que resultar da incidência das norteadoras dos arts. 33 e 59 do CP.

Em sede de execução penal, havendo condenação por mais de um crime, é preciso observar o disposto no art. 111 da Lei n. 7.210/84. A respeito do tema, conferir: RENATO MARCÃO, *Curso de execução penal*, 18. ed., São Paulo, Saraiva, 2021.

***Art. 16.** (...)*

*§ **1º** (...)*

***VI** — produzir, recarregar ou reciclar, sem autorização legal, ou adulterar, de qualquer forma, munição ou explosivo.*

➥ Classificação

Crime doloso, comum, comissivo, de mera conduta, de perigo abstrato, unissubjetivo e instantâneo.

➥ Norma penal em branco

Sua eficácia está condicionada à existência de outras espécies normativas, de onde se extrai o conceito de munição ou explosivo, dependendo basicamente dos Decretos n. 9.845, 9.846, 9.847 e 10.030, de 2019, e dos Decretos n. 10.627, 10.628, 10.629 e 10.630, de 2021.

➥ Objeto jurídico da tutela penal

Visa à tutela da incolumidade pública; à preservação da vida e da integridade física das pessoas.

➥ Sujeito ativo

Qualquer pessoa.

Trata-se de crime comum, em que não se exige qualquer qualidade especial do agente.

➥ Sujeito passivo

A coletividade; a sociedade.

➥ Elemento subjetivo do tipo

É o dolo, que não se presume. Basta o dolo genérico.

Não há forma culposa.

➥ Objeto material

É a munição ou o explosivo.

Tipo objetivo

Ações nucleares do ilícito:

Produzir

"Fabricar; manufaturar" (Antônio Houaiss, *Dicionário Houaiss da língua portuguesa*, Rio de Janeiro, Objetiva, 2001, p. 2305).

Recarregar

"Tornar a carregar" (Antônio Houaiss, *Dicionário Houaiss da língua portuguesa*, Rio de Janeiro, Objetiva, 2001, p. 2398).

Reciclar

"Submeter (algo) a reciclagem, a uma série de processos de mudança ou tratamento para reutilização; processar para que se possa reutilizar; obter subproduto de" (Antônio Houaiss, *Dicionário Houaiss da língua portuguesa*, Rio de Janeiro, Objetiva, 2001, p. 2400).

Adulterar

"Introduzir alteração em; modificar; produzir falsificação em; defraudar" (Antônio Houaiss, *Dicionário Houaiss da língua portuguesa*, Rio de Janeiro, Objetiva, 2001, p. 93).

Munição

Entende-se por munição o cartucho completo ou seus componentes, incluídos o estojo, a espoleta, a carga propulsora, o projétil e a bucha utilizados em armas de fogo.

Esta definição se encontrava no art. 2º, X, do Decreto n. 9.845/2019, que foi expressamente revogado pelo art. 2º do Decreto n. 10.628/2021, mas não encontramos óbice a que seja adotada.

Muito embora o atual art. 3º do Decreto n. 10.030/2019 forneça as definições de munição de uso restrito e de munição de uso proibido, é certo que não define munição especificamente.

Explosivo

No glossário do Decreto n. 10.030/2019 temos as seguintes definições:

Explosivo: tipo de matéria que, quando iniciada, sofre decomposição muito rápida, com grande liberação de calor e desenvolvimento súbito de pressão.

Acessório explosivo: engenho não muito sensível, de elevada energia de ativação, que tem por finalidade fornecer energia suficiente à continuidade de um trem explosivo e que necessita de um acessório iniciador para ser ativado.

➥ Elemento normativo do tipo

Para a configuração penal é preciso que a conduta tenha sido praticada *sem autorização legal.*

Havendo autorização legal não haverá crime.

➥ Consumação

Com a prática efetiva de qualquer das condutas previstas.

➥ Tentativa

Admite-se.

➥ Ação penal

Pública incondicionada.

➥ Transação penal

É incabível.

Não se trata de infração penal de pequeno potencial ofensivo.

➥ Suspensão condicional do processo

A pena mínima cominada é causa impeditiva, consoante o disposto no art. 89 da Lei n. 9.099/95.

➥ Procedimento em Juízo

Não há procedimento especial para os crimes previstos na Lei n. 10.826/2003.

Segue-se o rito *comum, ordinário* (art. 394, § 1º, I, do CPP), previsto nos arts. 396 a 405 do CPP.

➥ Competência

É da Justiça Estadual.

Para melhor compreensão, consultar o tópico "GENERALIDADES", que está logo abaixo.

➥ Pena

Reclusão, de 3 (três) a 6 (seis) anos, e multa.

Dispõe o art. 20 da Lei n. 10.826/2003: "Nos crimes previstos nos arts. 14, 15, 16, 17 e 18, a pena é aumentada da metade se: I — forem praticados por integrante dos órgãos e empresas referidas nos arts. 6º, 7º e 8º desta Lei; ou, II — o agente for reincidente específico em crimes dessa natureza".

➥ Regime de cumprimento da pena

É possível o cumprimento da pena em regime fechado, semiaberto ou aberto, a depender do que resultar da incidência das norteadoras dos arts. 33 e 59 do CP.

Em sede de execução penal, havendo condenação por mais de um crime, é preciso observar o disposto no art. 111 da Lei n. 7.210/84. A respeito do tema, conferir: Renato Marcão, *Curso de execução penal*, 18. ed., São Paulo, Saraiva, 2021.

***Art. 16.** (...)*

***§ 2º** Se as condutas descritas no caput e no § 1º deste artigo envolverem arma de fogo de uso proibido, a pena é de reclusão, de 4 (quatro) a 12 (doze) anos.*

➥ Arma de fogo

No glossário constante do Anexo III do Decreto n. 10.030/2019 encontramos a seguinte definição para arma de fogo: "Arma que arremessa projéteis empregando a força expansiva dos gases, gerados pela combustão de um propelente confinado em uma câmara, normalmente solidária a um cano, que tem a função de dar continuidade à combustão do propelente, além de direção e estabilidade ao projétil".

Somente arma de fogo em sentido próprio é que se presta à configuração do crime. Arma imprópria, jamais.

➥ Arma de fogo de uso proibido

São armas de fogo de uso proibido: a) as armas de fogo classificadas como de uso proibido em acordos ou tratados internacionais dos quais a República Federativa do Brasil seja signatária; e b) as armas de fogo dissimuladas, com aparência de objetos inofensivos (art. 3º, parágrafo único, III, do Anexo I do Decreto n. 10.030/2019).

➥ Alcance da regra

Conforme a redação expressa, a pena cominada no § 2º deverá ser aplicada sempre que qualquer das condutas listadas no art. 16, *caput* e § 1º, tiver por objeto material arma de fogo de uso proibido.

➥ Objeto material e suas implicações

No que diz respeito ao objeto material do delito, tem relevo observar que, enquanto o *caput* do art. 16 se refere a arma de fogo, acessório ou munição de uso restrito, o § 2º se restringe à arma de fogo de uso proibido.

Diante de tal quadro normativo, e considerando que a atual redação, determinada pela Lei n. 13.964/2019, retirou do tipo fundamental o designativo "proibido" que nele antes havia, se qualquer das condutas tipificadas no *caput* tiverem por objeto material acessório ou munição de uso proibido, restará juridicamente impossibilitada a imputação com fundamento no art. 16, *caput*, e caberá, conforme o caso, verificar a possibilidade de enquadramento no art. 17, ambos do Estatuto do Desarmamento.

A descuidada afoiteza em particularizar as situações que envolvem arma de fogo de uso proibido e majorar a pena respectivamente cominada resultou em lastimável sacrifício da técnica legislativa, e criou vazio normativo que propicia a atipicidade de certas condutas.

A respeito desse tema, RENATO BRASILEIRO DE LIMA escreveu: "Ante o vazio legislativo em relação ao acessório ou munição de uso proibido, e sem embargo de o *caput* do art. 16 do Estatuto do Desarmamento, com a redação determinada pelo Pacote Anticrime, fazer referência apenas aos artefatos de uso restrito, queremos crer que tais condutas deverão ser tipificadas nesta figura do *caput*, fazendo-se, *in casu*, verdadeira analogia, porém *in bonan partem*" (*Legislação criminal especial comentada*, 9. ed., Salvador, JusPodivm, 2021, p. 472).

Com a devida *vênia*, contrariamente a solução proposta, admitir tal forma de interpretação resultaria em analogia *in malam partem*, sabidamente proscrita para o efeito de atribuir tipicidade penal a hipótese não descrita, posto que inexistente qualquer referência a acessório ou munição de uso proibido, no art. 16, *caput* ou § 2º.

➥ Crime hediondo

Nos precisos termos do art. 1º, parágrafo único, II, da Lei n. 8.072/90, com a redação da Lei n. 13.964/2019, consideram-se hediondos os crimes de posse ou porte ilegal de arma de fogo de uso proibido, tipificados no art. 16 do Estatuto do Desarmamento (*rectus*: § 2º do art. 16).

Também por força das observações anotadas no tópico anterior, posse ou porte de acessório ou munição de uso proibido, não configura delito nos contornos do art. 16, menos ainda hediondo.

A falta de responsabilidade, de competência e de visão sistêmica do "legislador brasileiro" é realmente impressionante. A mesma Lei n. 13.964/2019, cujo anteprojeto sabidamente foi gestado nas entranhas do Ministério da Justiça, alterou a redação do *caput* do art. 16, nele inseriu seu atual § 2º, e incluiu o inciso II do parágrafo único do art. 1º da Lei n. 8.072/90, e ainda assim criou o imbróglio.

➥ Transação penal

É incabível.

Não se trata de infração penal de pequeno potencial ofensivo.

➥ Suspensão condicional do processo

A pena mínima cominada é causa impeditiva, consoante o disposto no art. 89 da Lei n. 9.099/95.

➥ Procedimento em Juízo

Não há procedimento especial para os crimes previstos na Lei n. 10.826/2003.

Segue-se o rito *comum, ordinário* (art. 394, § 1º, I, do CPP), previsto nos arts. 396 a 405 do CPP.

➥ Competência

É da Justiça Estadual.

Para melhor compreensão, consultar o tópico "Generalidades", que está adiante.

➥ Pena

Reclusão, de 4 (quatro) a 12 (doze) anos.

Dispõe o art. 20 da Lei n. 10.826/2003: "Nos crimes previstos nos arts. 14, 15, 16, 17 e 18, a pena é aumentada da metade se: I — forem praticados por integrante dos órgãos e empresas referidas nos arts. 6º, 7º e 8º desta Lei; ou, II — o agente for reincidente específico em crimes dessa natureza".

➥ Regime de pena

É possível o cumprimento da pena em regime fechado, semiaberto ou aberto, a depender do que resultar da incidência das norteadoras dos arts. 33 e 59 do CP.

Em sede de execução penal, havendo condenação por mais de um crime, é preciso observar o disposto no art. 111 da Lei n. 7.210/84. A respeito do tema, conferir: Renato Marcão, *Curso de execução penal*, 18. ed., São Paulo, Saraiva, 2021.

Generalidades

➥ Constitucionalidade

Não há qualquer inconstitucionalidade no art. 16 da Lei n. 10.826/2003.

No mesmo sentido: TJRJ, ApCrim 2007.050.03804, 7ª Câm., rel. Des. Alexandre H. P. Varella, j. 10-1-2008, *DORJ* de 21-1-2008, *RT* 871/680.

➥ Competência

É da Justiça Estadual.

"A Lei n. 10.826/2003, denominada Estatuto do Desarmamento, objetiva a tutela da segurança pública, sendo que os crimes ali definidos ofendem genérica e indiretamente interesse da União, o que não é suficiente para atrair a competência da Justiça Federal, devendo, pois, ser julgados pela Justiça Comum Estadual" (STJ, CComp 45.854/SC, 3ª S., rel. Min. Laurita Vaz, j. 8-9-2004, *DJ* de 11-10-2004, p. 233).

"A Lei n. 10.826/2003 (Estatuto do Desarmamento) não modificou a competência para o processo e julgamento dos crimes de porte ilegal de arma de fogo, que continua da Justiça Estadual" (STJ, CComp 44.129/RJ, 3ª S., rel. Min. Paulo Medina, j. 13-10-2004, *DJU* de 3-11-2004, p. 132).

"Cabe esclarecer que a Lei n. 9.437/97, Lei de Armas de Fogo, foi revogada expressamente pela Lei n. 10.826/2003, denominada de Estatuto do Desarmamento, que normatiza o registro, porte e comercialização de armas de fogo e munição, estabelecendo os crimes e criando o Sistema Nacional de Armas — SINARM. O Sistema foi instituído no âmbito do Ministério da Justiça e objetiva a pacificação do país, possuindo circunscrição em todo território nacional. Busca-se, ainda, uma centralização do trabalho de desarmamento e, para isso, os cadastramentos das autorizações e os registros das armas de fogo foram atribuídos à Polícia Federal, nos termos do art. 10 do referido estatuto. Nesse contexto, mostra-se descabida a pretensão do estabelecimento de nova competência da Justiça Federal, além das já preconizadas pela Carta Magna, em razão do Estatuto ter sido estabelecido no âmbito federal. A prática de delito definido na Lei n. 10.826/2003 ofende toda coletividade que preza pela segurança pública, porquanto existe um perigo abstrato de ser vítima. Ressalte-se que para atrair a competência da Justiça Federal deve existir ofensa direta e específica aos bens, interesse ou serviços da União, o que não ocorre quando a ofensa apresenta-se genérica como no caso da segurança coletiva" (STJ, CComp 55.362/SP, rel. Min. Laurita Vaz, j. 1º-6-2006, *DJ* de 14-6-2006).

Cuidando da hipótese de porte de arma de fogo que foi apreendida pela Polícia Federal nas dependências de aeroporto, o Superior Tribunal de Justiça teve oportunidade de decidir conflito de competência e cuidar da matéria de forma elucidativa, com raciocínio que serve para a hipótese típica de que ora tratamos, assim o fazendo conforme a ementa que segue transcrita:

"A apreensão de arma detectada, no interior de mala, por equipamento de raios X de aeroporto, quando do procedimento de embarque do passageiro que a possuía, guardava e transportava, não ofende a interesse da União. A circunstância de ser o crime cometido em local sujeito à fiscalização da Polícia Federal não é capaz de induzir a competência da Justiça Federal. Conflito conhecido para declarar competente o Juízo Estadual suscitado" (STJ, CComp 37.877/SP, 3ª S., rel. Min. Paulo Medina, j. 14-4-2004, *DJU* de 10-5-2004, *RT* 825/550).

E ainda no Superior Tribunal de Justiça: "A Lei 10.826/2003 (Estatuto do Desarmamento) não modificou a competência para o processo e julgamento dos crimes de porte ilegal de arma de fogo, que continua da Justiça Estadual" (STJ, CComp 44.129/RJ, 3ª S., rel. Min. Paulo Medina, j. 13-10-2004, *DJ* de 3-11-2004, p. 132).

No mesmo sentido: STJ, CComp 56.209/MA, 3ª S., rel. Min. Laurita Vaz, j. 14-12-2005, *DJ* de 6-2-2006, p. 196; STJ, HC 57.384/RJ, rel. Min. Gilson Dipp, j. 24-4-2006, *DJ* de 28-4-2006, *RT* 830/562; STJ, CComp 45.483/RJ, 3ª S., rel. Min. Nilson Naves, j. 27-10-2004, *DJU* de 9-2-2005, p. 183; STJ, CC 45.854/SC, 3ª S., rel. Min. Laurita Vaz, j. 8-9-

2004, *DJU* de 11-10-2004, p. 233; TJMG, HC 1.0000.06.432661-4/000, 2ª CCrim, rel. Des. José Antonino Baía Borges, j. 2-3-2006.

Em sentido contrário e entendendo que a competência é da Justiça Federal: DAMÁSIO E. DE JESUS, *Direito penal do desarmamento*, 5. ed. reformulada, São Paulo, Saraiva, 2005, p. 36.

➥ *Vacatio legis* indireta

A Lei n. 11.922/2009, em seu art. 20, determinou a prorrogação para 31 de dezembro de 2009 do prazo de que tratava o art. 30 da Lei n. 10.826/2003.

Por se tratar de "prorrogação" do prazo que havia vencido em 31 de dezembro de 2008 (Lei n. 11.706/2008), a nova regra teve efeito retroativo, de modo a alcançar os fatos praticados desde 1º de janeiro de 2009.

Importante ressaltar que apenas o prazo do art. 30 é que fora prorrogado, ou seja, o prazo para que os possuidores e proprietários de arma de fogo de uso permitido ainda não registrada pudessem solicitar seu registro.

➥ *Vacatio legis* indireta: arma adulterada

Essa matéria constitui objeto do Tema/Repetitivo 596, e a Terceira Seção do Superior Tribunal de Justiça tem Tese firmada nos seguintes termos: "É típica a conduta de possuir arma de fogo de uso permitido com numeração, marca ou qualquer outro sinal de identificação raspado, suprimido ou adulterado, praticada após 23-10-2005, pois, em relação a esse delito, a *abolitio criminis* temporária cessou nessa data, termo final da prorrogação dos prazos previstos na redação original dos arts. 30 e 32 da Lei n. 10.826/2003".

Dispõe a Súmula 513 do STJ que: "A *abolitio criminis* temporária prevista na Lei n. 10.826/2003 aplica-se ao crime de posse de arma de fogo de uso permitido com numeração, marca ou qualquer outro sinal de identificação raspado, suprimido ou adulterado, praticado somente até 23-10-2005".

➥ Liberdade provisória

Consultar nossas anotações ao art. 21 desta lei.

➥ Ingresso em residência

Essa matéria foi soberanamente decidida no Supremo Tribunal Federal, com repercussão geral, e o entendimento permanece respeitado no Superior Tribunal de Justiça, conforme demonstram as ementas que seguem transcritas.

"1. Recurso extraordinário representativo da controvérsia. Repercussão geral. 2. Inviolabilidade de domicílio — art. 5º, XI, da CF. Busca e apreensão domiciliar sem mandado judicial em caso de crime permanente. Possibilidade. A Constituição dispensa o mandado judicial para ingresso forçado em residência em caso de flagrante delito.

No crime permanente, a situação de flagrância se protrai no tempo. 3. Período noturno. A cláusula que limita o ingresso ao período do dia é aplicável apenas aos casos em que a busca é determinada por ordem judicial. Nos demais casos — flagrante delito, desastre ou para prestar socorro — a Constituição não faz exigência quanto ao período do dia. 4. Controle judicial *a posteriori*. Necessidade de preservação da inviolabilidade domiciliar. Interpretação da Constituição. Proteção contra ingerências arbitrárias no domicílio. Muito embora o flagrante delito legitime o ingresso forçado em casa sem determinação judicial, a medida deve ser controlada judicialmente. A inexistência de controle judicial, ainda que posterior à execução da medida, esvaziaria o núcleo fundamental da garantia contra a inviolabilidade da casa (art. 5, XI, da CF) e deixaria de proteger contra ingerências arbitrárias no domicílio (Pacto de São José da Costa Rica, art. 11, 2, e Pacto Internacional sobre Direitos Civis e Políticos, art. 17, 1). O controle judicial *a posteriori* decorre tanto da interpretação da Constituição, quanto da aplicação da proteção consagrada em tratados internacionais sobre direitos humanos incorporados ao ordenamento jurídico. Normas internacionais de caráter judicial que se incorporam à cláusula do devido processo legal. 5. Justa causa. A entrada forçada em domicílio, sem uma justificativa prévia conforme o direito, é arbitrária. Não será a constatação de situação de flagrância, posterior ao ingresso, que justificará a medida. Os agentes estatais devem demonstrar que havia elementos mínimos a caracterizar fundadas razões (justa causa) para a medida. 6. Fixada a interpretação de que a entrada forçada em domicílio sem mandado judicial só é lícita, mesmo em período noturno, quando amparada em fundadas razões, devidamente justificadas *a posteriori*, que indiquem que dentro da casa ocorre situação de flagrante delito, sob pena de responsabilidade disciplinar, civil e penal do agente ou da autoridade e de nulidade dos atos praticados" (STF, RE 603.616/RO, Tribunal Pleno, rel. Min. Gilmar Mendes, j. 5-11-2015, *DJe*-093, de 10-5-2016).

"O Supremo Tribunal Federal definiu, em repercussão geral, que o ingresso forçado em domicílio sem mandado judicial apenas se revela legítimo — a qualquer hora do dia, inclusive durante o período noturno — quando amparado em fundadas razões, devidamente justificadas pelas circunstâncias do caso concreto, que indiquem estar ocorrendo, no interior da casa, situação de flagrante delito (RE n. 603.616/RO, rel. Min. Gilmar Mendes, *DJe* 8-10-2010)" (STJ, REsp 1.498.689/RS, 6ª T., rel. Min. Rogério Schietti Cruz, j. 27-2-2018, *DJe* de 8-3-2018).

"É assente a jurisprudência desta Corte Superior no sentido de que nos crimes permanentes se protrai no tempo o estado de flagrância. O ingresso da autoridade policial no domicílio para a realização de busca e apreensão sem mandado, contudo, pressupõe a presença de elementos seguros que evidenciem a prática ilícita. Não se admite que a autoridade policial apenas com base em delação anônima, sem a produção de elementos capazes de evidenciar fundadas suspeitas da prática delitiva, viole o direito constitucional à inviolabilidade do domicílio, conduzindo à ilicitude da prova que evidencia a materialidade delitiva" (STJ, HC 471.553/SC, 6ª T., rel. Min. Sebastião Reis Júnior, j. 21-2-2019, *DJe* de 12-3-2019).

"Conforme entendimento desta Corte Superior de Justiça '[o] ingresso em moradia alheia depende, para sua validade e sua regularidade, da existência de fundadas razões (justa causa) que sinalizem para a possibilidade de mitigação do direito fundamental em questão [...]' (RHC 117.380/SC, rel. Ministro Rogerio Schietti Cruz, 6ª T. j. 10-12-2019, *DJe* 13-12-2019" (STJ, AgRg no HC 504.801/SP, 6ª T., rel. Min. Laurita Vaz, j. 15-9-2020, *DJe* de 29-9-2020).

➥ Prova colhida em telefone celular ou em aplicativo *WhatsApp*

"Os dados armazenados nos aparelhos celulares decorrentes de envio ou recebimento de dados via mensagens SMS, programas ou aplicativos de troca de mensagens (dentre eles o *WhatsApp*), ou mesmo por correio eletrônico, dizem respeito à intimidade e à vida privada do indivíduo, sendo, portanto, invioláveis, nos termos do art. 5°, X, da Constituição Federal. Assim, na esteira da jurisprudência deste Sodalício, os dados decorrentes de comunicações realizadas por meio de comunicação telefônica ou pela *internet*, como mensagens ou caracteres armazenados em aparelhos celulares, são invioláveis, somente podendo ser acessados mediante prévia autorização judicial. Confira-se: REsp n. 1.661.378/MG, 6ª T. rel. Min. Maria Thereza de Assis Moura, *DJe* de 30-5-2017; e RHC n. 75.055/DF, 5ª T. rel. Min. Ribeiro Dantas, *DJe* de 27-3-2017. Ademais importante ressaltar que a jurisprudência das duas Turmas da Terceira Seção deste Tribunal Superior firmou-se no sentido de ser ilícita a prova obtida diretamente dos dados constantes de aparelho celular, decorrentes de mensagens de textos SMS, conversas por meio de programa ou aplicativos (*WhatsApp*), mensagens enviadas ou recebidas por meio de correio eletrônico, obtidos diretamente pela polícia no momento do flagrante, sem prévia autorização judicial para análise dos dados armazenados no telefone móvel. Nesse diapasão: RHC n. 92.009/RS, 5ª T. de minha relatoria, *DJe* de 16-4-2018; RHC n. 73.998/SC, 5ª T. rel. Min. Joel Ilan Paciornik, *DJe* de 19-2-2018; HC n. 366.302/RJ, 5ª T. rel. Min. Jorge Mussi, *DJe* de 19-12-2017; RHC n. 89.385/SP, 6ª T. rel. Min. Rogerio Schietti Cruz, *DJe* de 28-8-2018" (STJ, AgRg no HC 611.762/SC, 5ª T., rel. Min. Felix Fischer, j. 20-10-2020, *DJe* de 26-10-2020).

"(...) consoante a firme jurisprudência desta Corte Superior, 'a ilicitude da prova, por reverberação, alcança necessariamente aquelas dela derivadas (Teoria dos Frutos da Árvore Envenenada), salvo se não houver qualquer vínculo causal com a prova ilícita (Teoria da Fonte Independente) ou, mesmo que haja, seria produzida de qualquer modo, como resultado inevitável das atividades investigativas ordinárias e lícitas (Teoria da Descoberta Inevitável)' (EDcl no RHC n. 72.074/MG, 5ª T. rel. Min. Ribeiro Dantas, *DJe* de 4-12-2017). A regra de exclusão (*exclusionary rule*) das provas derivadas das ilícitas consubstanciada na teoria da descoberta inevitável (*inevitable discovery*), que tem origem no direito norte-americano, foi recebida no ordenamento jurídico brasileiro pelo art. 157,

§§ 1º e 2º, do Código de Processo Penal, incluído pela Lei n. 11.690/2008" (STJ, AgRg no HC 611.762/SC, 5ª T., rel. Min. Felix Fischer, j. 20-10-2020, *DJe* de 26-10-2020).

"'A jurisprudência das duas Turmas da Terceira Seção deste Tribunal Superior firmou-se no sentido de ser ilícita a prova obtida diretamente dos dados constantes de aparelho celular, decorrentes de mensagens de textos SMS, conversas por meio de programa ou aplicativos (*WhatsApp*), mensagens enviadas ou recebidas por meio de correio eletrônico, obtidos diretamente pela polícia no momento do flagrante, sem prévia autorização judicial para análise dos dados armazenados no telefone móvel' (HC 372.762/MG, rel. Min. Felix Fischer, 5ª T. j. 3-10-2017, *DJe* 16-10-2017)" (STJ, HC 516.153/SC, 5ª T., rel. Min. Ribeiro Dantas, j. 18-8-2020, *DJe* de 24-8-2020).

➥ Prova pericial

Nos precisos termos do art. 158, *caput*, do CPP, "quando a infração deixar vestígios, será indispensável o exame de corpo de delito, direto ou indireto, não podendo supri-lo a confissão do acusado".

Portanto, é preciso provar pericialmente a eficácia da arma, do acessório ou da munição, para aferir a potencialidade lesiva, a real capacidade de ofensa ao bem jurídico tutelado.

Arma que não está apta a efetuar disparo não pode ser considerada *arma* para os fins do art. 16 da Lei n. 10.826/2003. Acessório ou munição que não se encontre em condição de uso eficaz, não se presta à configuração da conduta proscrita.

➥ Princípio da insignificância

"O direito penal, regido pelo princípio da intervenção mínima, deve ocupar-se da proteção dos bens jurídicos mais valorosos e necessários à vida em sociedade, intervindo somente quando os demais ramos do direito não forem capazes de fazê-lo. É utilizado, portanto, como *ultima ratio*. Em virtude de seu caráter fragmentário e subsidiário, a persecução penal pressupõe não apenas a subsunção da conduta ao tipo (tipicidade formal), mas também a existência da tipicidade material. Nesse contexto, à luz do Princípio da Insignificância, far-se-á a averiguação da tipicidade material da conduta, mediante um juízo conglobante do fato e da periculosidade do agente" (STF, HC 197.530/PB, rel. Min. Edson Fachin, j. 10-2-2021).

"O 'princípio da insignificância — que deve ser analisado em conexão com os postulados da fragmentariedade e da intervenção mínima do Estado em matéria penal — tem o sentido de excluir ou de afastar a própria tipicidade penal, examinada na perspectiva de seu caráter material. [...] Tal postulado — que considera necessária, na aferição do relevo material da tipicidade penal, a presença de certos vetores, tais como (a) a mínima ofensividade da conduta do agente, (b) nenhuma periculosidade social da ação, (c) o reduzidíssimo grau de reprovabilidade do comportamento e (d) a inexpressividade da lesão jurídica provocada — apoiou-se, em seu processo de formulação teórica, no reconhecimento de que o caráter subsidiário do sistema penal reclama e impõe, em função dos próprios objetivos por ele visados, a intervenção mínima do Poder Público' (HC n. 84.412-0/SP, STF, rel. Min. Celso de Mello, *DJU* 19-11-2004)" (STJ, HC 589.871/MS, 5ª T., rel. Min. Ribeiro Dantas, j. 25-8-2020, *DJe* de 3-9-2020).

"A Segunda Turma do Supremo Tribunal Federal posicionou-se no sentido de desconsiderar a potencialidade lesiva, na hipótese em que pouca munição é apreendida desacompanhada de arma de fogo (RHC n. 143.449/MS, Min. Ricardo Lewandowski, 2ª T., *DJe* 9-10-2017)" (STJ, AgRg no REsp 1.841.320/SP, 6ª T., rel. Min. Sebastião Reis Júnior, j. 10-3-2020, *DJe* de 16-3-2020).

"A posse de um carregador destinado a munições de calibre 9mm, desprovido de armamento ou munição, não coloca em risco o bem jurídico tutelado pela norma penal" (STJ, AgRg no AREsp 1.319.804/SP, 6ª T., rel. Min. Nefi Cordeiro, j. 4-12-2018, *DJe* de 13-12-2018).

"A Sexta Turma do Superior Tribunal de Justiça, no julgamento do REsp n. 1.699.710/MS, de relatoria da Ministra Maria Thereza de Assis Moura, e do AgInt no REsp n. 1.704.234/RS (rel. Min. Sebastião Reis Júnior), alinhou-se ao entendimento da Segunda Turma do Supremo Tribunal Federal e passou a admitir a aplicação do princípio da insignificância em situações excepcionais, de posse de ínfima quantidade de munições e de ausência do artefato capaz de dispará-las, aliadas a elementos acidentais da ação que denotem a total inexistência de perigo à incolumidade pública. O posicionamento foi estendido para casos de porte ilegal de munição de uso restrito, com a ressalva pessoal deste relator" (STJ, AgRg no AREsp 1.692.553/MS, 6ª T., rel. Min. Rogério Schietti Cruz, j. 27-10-2020, *DJe* de 12-11-2020).

No mesmo sentido: STJ, AgRg no REsp 1.872.425/SC, 5ª T., rel. Min. Ribeiro Dantas, j. 6-10-2020, *DJe* de 16-10-2020; STJ, AgRg no REsp 1.841.147/RS, 6ª T., rel. Min. Sebastião Reis Júnior, j. 25-8-2020, *DJe* de 2-9-2020.

→ Doutrina

Eduardo Cabette e Francisco Sannini, *Tratado de legislação especial criminal*, 5. ed. São Paulo, Mizuno, 2021, p. 103; Vinicius de Toledo Piza Peluso, Munição e acessórios: uma desproporção explosiva, *RT* 837/398; Fernando Capez, Estatuto do Desarmamento (Lei 10.826/2003): infrações de perigo e o princípio da ofensividade, *Revista Magister de Direito Penal e Processual Penal*, n. 9, p. 5, dez. 2005/jan. 2006; Moacir Martini de Araújo, Breves considerações sobre a competência para a apuração dos crimes do Estatuto do Desarmamento, *Boletim IBCCrim*, n. 142, p. 9; Francisco Dias Teixeira, Competência para julgar os crimes relacionados a arma de fogo, *Revista Brasileira de Ciências Criminais*, ano 5, n. 20, p. 95, out./dez. 1997; Daniel Tempski Ferreira da Costa, A extensão da descriminalização temporária aos crimes de posse irregular de acessório e munição dos arts. 12 e 16 da Lei n. 10.826/2003. Disponível em: http://jus2.uol.com.br/doutrina/texto.asp?id=8084; LEONARDO GERALDO BAETA DAMASCENO, Apontamentos sobre os crimes previstos no Estatuto do Desarmamento: Lei n. 10.826/2003. Disponível em: http://jus2.uol.com.br/doutrina/texto.asp?id=6864; NELSON CANEDO MOTTA, A eficácia dos tipos penais da Lei n. 10.826/2003. Disponível em: http://jus2.uol.com.br/doutrina/texto.asp?id=5005; THOMAS WLASSAK, Contribuições críticas à Lei n. 10.826/2003. Disponível em: http://jus2.uol.com.br/doutrina/texto.asp?id=5004; MARCELO LESSA BASTOS, Estatuto do Desarmamento. Armas de uso permitido e restrito e outras considerações. Disponível em: http://jus2.uol.com.br/doutrina/texto.asp?id=5823; LEONARDO DE MEDEIROS FERNANDES, Sobre o Estatuto do Desarmamento (Lei n. 10.826/2003). Disponível em: http://jus2.uol.com.br/doutrina/texto.asp?id=6187; MARCELO MATIAS PEREIRA, Dos crimes de arma de fogo em espécie. Disponível em: http://jus2.uol.com.br/doutrina/texto.asp?id=5155; GUILHERME DE SOUZA NUCCI, *Leis penais e processuais penais comentadas*, 13. ed., Rio de Janeiro, Forense, v. 2, 2020, p. 42; RENATO BRASILEIRO DE LIMA, *Legislação criminal especial comentada*, 9. ed., Salvador, JusPodivm, 2021, p. 457.

COMÉRCIO ILEGAL DE ARMA DE FOGO

Art. 17. *Adquirir, alugar, receber, transportar, conduzir, ocultar, ter em depósito, desmontar, montar, remontar, adulterar, vender, expor à venda, ou de qualquer forma utilizar, em proveito próprio ou alheio, no exercício de atividade comercial ou industrial, arma de fogo, acessório ou munição, sem autorização ou em desacordo com determinação legal ou regulamentar:*

***Pena** — reclusão, de 6 (seis) a 12 (doze), e multa.*

§ 1º Equipara-se à atividade comercial ou industrial, para efeito deste artigo, qualquer forma de prestação de serviços, fabricação ou comércio irregular ou clandestino, inclusive o exercido em residência.

§ 2º Incorre na mesma pena quem vende ou entrega arma de fogo, acessório ou munição, sem autorização ou em desacordo com a determinação legal ou regulamentar, a agente policial disfarçado, quando presentes elementos probatórios razoáveis de conduta criminal preexistente.

➥ Decreto n. 9.845, de 25 de junho de 2019

Regulamenta a Lei n. 10.826/2003, para dispor sobre a aquisição, o cadastro, o registro e a posse de armas de fogo e de munição.

➥ Decreto n. 9.846, de 25 de junho de 2019

Regulamenta a Lei n. 10.826/2003, para dispor sobre o registro, o cadastro e a aquisição de armas e de munições por caçadores, colecionadores e atiradores.

➥ Decreto n. 9.847, de 25 de junho de 2019

Regulamenta a Lei n. 10.826/2003, para dispor sobre a aquisição, o cadastro, o registro, o porte e a comercialização de armas de fogo e de munição e sobre o Sistema Nacional de Armas e o Sistema de Gerenciamento Militar de Armas.

➥ Decreto n. 10.030, de 30 de setembro de 2019

Aprova o Regulamento de Produtos Controlados.

➥ Requisitos legais para adquirir arma de fogo de uso permitido

Consultar o art. 4º, I, II e III, da Lei n. 10.826/2003, o art. 3º do Decreto n. 9.845/2019, e o art. 12 do Decreto n. 9.847/2019.

Sobre a possibilidade de dispensa das exigências constantes do inciso III do *caput* do art. 4º, verificar o § 8º do mesmo artigo.

Nos precisos termos do art. 28 da Lei n. 10.826/2003, "é vedado ao menor de 25 (vinte e cinco) anos adquirir arma de fogo, ressalvados os integrantes das entidades constantes dos incisos I, II, III, V, VI, VII e X do *caput* do art. 6º desta Lei".

➥ Aquisição e registro de arma

Registro é a matrícula da arma de fogo vinculada à identificação do respectivo proprietário em banco de dados (art. 3º, parágrafo único, X, do Anexo I do Decreto n. 10.030/2019).

O art. 3º do Decreto n. 9.845/2019 lista os requisitos que o interessado deverá atender para fins de aquisição de arma de fogo de uso permitido e de emissão do Certificado de Registro de Arma de Fogo.

➥ Acessório de arma de fogo

O glossário constante do Anexo III do Decreto n. 10.030/2019 considera acessório de arma de fogo os artefatos listados nominalmente na legislação como Produto Controlado pelo Exército — PCE que, acoplados a uma arma, possibilitam a alteração da configuração normal do armamento, tal como um supressor de som.

➥ Munição

Considera-se munição o cartucho completo ou seus componentes, incluídos o estojo, a espoleta, a carga propulsora, o projétil e a bucha utilizados em armas de fogo.

Esta definição se encontrava no art. 2º, X, do Decreto n. 9.845/2019, que foi expressamente revogado pelo art. 2º do Decreto n. 10.628/2021, mas não encontramos óbice a que seja adotada.

Muito embora o atual art. 3º do Decreto n. 10.030/2019 forneça as definições de munição de uso restrito e de munição de uso proibido, é certo que não define munição especificamente.

➥ Produtos controlados de uso permitido

O glossário constante do Anexo III do Decreto n. 10.030/2019 define PEC (Produto Controlado pelo Exército) de uso permitido como produto controlado listado nominalmente na legislação como PCE cujo acesso e utilização podem ser autorizados para as pessoas em geral, observada a classificação elaborada pelo Comando do Exército, prevista nos decretos regulamentadores da Lei n. 10.826/2003.

Nos precisos termos do § 3º do art. 15 do Anexo I do Decreto n. 10.030/2019, são produtos controlados de uso permitido os PCE (Produtos Controlados pelo Exército) não relacionados em seus §§ 1º e 2º.

➥ Aquisição de acessórios e munição

A aquisição de munição somente poderá ser feita no calibre correspondente à arma registrada e na quantidade estabelecida no regulamento dessa lei (art. 4º, § 2º, da Lei n. 10.826/2003).

➥ Portaria Interministerial n. 1.634/GM-MD, de 22 de abril de 2020

Estabelece os quantitativos máximos de munições passíveis de aquisição pelos integrantes dos órgãos e instituições previstos nos incisos I a VII e X do *caput* art. 6º da Lei n. 10.826/2003, e pelas pessoas físicas autorizadas a adquirir ou portar arma de fogo, e pelos demais agentes autorizados por legislação especial a portar arma de fogo.

➥ Competência para autorizar o comércio de arma, acessório ou munição

Nos precisos termos do art. 24 do Estatuto do Desarmamento: "Excetuadas as atribuições a que se refere o art. 2º desta Lei, compete ao Comando do Exército autorizar e fiscalizar a produção, exportação, importação, desembaraço alfandegário e o comércio de armas de fogo e demais produtos controlados, inclusive o registro e o porte de trânsito de arma de fogo de colecionadores, atiradores e caçadores".

➥ Crime de posse irregular de arma de fogo de uso permitido

Ver o art. 12 da Lei n. 10.826/2003.

➥ Crime de posse ou porte ilegal de arma de fogo de uso restrito

Ver o art. 16 da Lei n. 10.826/2003.

➥ Crime de posse ou porte ilegal de arma de fogo de uso proibido

Ver o art. 16, § 2º, da Lei n. 10.826/2003.

Art. 17, *caput* e § 1º

➥ Classificação

Crime próprio; vago; de mera conduta; de ação múltipla ou conteúdo variado; comissivo; de perigo abstrato.

É crime permanente nas modalidades *alugar*, *transportar*, *conduzir*, *ocultar*, *ter em depósito* e *expor à venda*, e instantâneo nas demais formas previstas.

➥ Objeto jurídico da tutela penal

É a incolumidade pública; a segurança pública.

Busca-se evitar o cometimento de outros crimes relacionados direta ou indiretamente com o porte de arma de fogo.

"É a proteção da segurança coletiva, bem jurídico metaindividual" (STJ, HC 30.220/MG, 6ª T., rel. Min. Hamilton Carvalhido, j. 1º-3-2005, *DJU* de 11-4-2005, p. 388).

➥ Sujeito ativo

Crime próprio, só pode ser praticado por comerciante ou industrial que atue no ramo de arma de fogo, acessório ou munição.

Por força do disposto no § 1º do art. 17, equipara-se à atividade comercial ou industrial, para efeito de incidência típica, qualquer forma de prestação de serviços, fabricação ou comércio irregular ou clandestino, inclusive o exercido em residência.

➥ Sujeito passivo

Trata-se de crime vago, em que sujeito passivo é a coletividade; a sociedade.

No mesmo sentido: Damásio E. de Jesus, *Direito penal do desarmamento*, 5. ed. reformulada, São Paulo, Saraiva, 2005, p. 120; Guilherme de Souza Nucci, *Leis penais e processuais penais comentadas*, 13. ed., Rio de Janeiro, Forense, v. 2, 2020, p. 52.

➥ Elemento subjetivo do tipo

É o dolo, mas não basta o dolo genérico. É necessário o dolo específico, voltado à finalidade de agir em "proveito próprio ou alheio", entendendo-se como *proveito* qualquer tipo de vantagem visada pelo agente, econômica ou não, direta ou indireta.

Não há forma culposa.

No mesmo sentido: Roberto Delmanto, Roberto Delmanto Junior e Fabio M. de Almeida Delmanto, *Leis penais especiais comentadas*, 3. ed. São Paulo, Saraiva, 2018, p. 822; Renato Brasileiro de Lima, *Legislação criminal especial comentada*, 9. ed., Salvador, JusPodivm, 2021, p. 474.

➥ Tipo objetivo

Trata-se de crime de ação múltipla ou de conteúdo variado, em que é imprescindível que a conduta se verifique *no exercício de atividade comercial ou industrial*, sem autorização ou em desacordo com determinação legal ou regulamentar.

A teor do disposto no § 1º do art. 17, equipara-se à atividade comercial ou industrial, para efeito deste artigo, qualquer forma de prestação de serviços, fabricação ou comércio irregular ou clandestino, inclusive o exercido em residência.

"Estando incontroverso nos autos que o réu mantinha em depósito, no exercício da atividade comercial ilícita, munição de uso restrito, resta configurado o delito de comércio ilegal de munição tipificado no art. 17 da Lei n. 10.826/2003 com a agravante do art. 19 da mesma lei" (STJ, AgRg no REsp 1.692.637/SC, 6ª T., rel. Min. Maria Thereza de Assis Moura, j. 8-5-2018, *DJe* de 16-5-2018).

É possível praticar o crime de comércio ilegal de arma de fogo, acessório ou munição, previsto no art. 17, *caput*, da Lei n. 10.826/2003, mediante a realização de um dos 14 (catorze) verbos descritos na norma penal incriminadora, quais sejam: 1) *adquirir*; 2) *alugar*; 3) *receber*; 4) *transportar*; 5) *conduzir*; 6) *ocultar*; 7) *ter em depósito*; 8) *desmontar*; 9) *montar*; 10) *remontar*; 11) *adulterar*; 12) *vender*; 13) *expor à venda*; e (de qualquer forma) 14) *utilizar*.

A prática de dois ou mais verbos descritos, em um só contexto, tipifica crime único.

➥ Ações nucleares do tipo penal

Conforme anotamos anteriormente, é bem verdade que muitas vezes a interpretação gramatical pura e simples pode não indicar o sentido jurídico do verbo, notadamente para fins penais. Por aqui, entretanto, procuramos apresentar algumas variantes encontradas no léxico, conforme seguem, que possibilitam melhor compreensão de cada uma das condutas descritas no tipo penal, inclusive com uma visão prática, tomando por base a realidade da lida forense.

Adquirir

"Entrar na posse de algum bem, através de contrato legal ou não; tornar-se proprietário, dono de; obter; conseguir (bem material) através de compra" (Antônio Houaiss, *Dicionário Houaiss da língua portuguesa*, Rio de Janeiro, Objetiva, 2001, p. 90).

Alugar

"Ceder em locação; locar; tomar em locação" (Antônio Houaiss, *Dicionário Houaiss da língua portuguesa*, Rio de Janeiro, Objetiva, 2001, p. 172).

Receber

"Readquirir a posse de; recobrar; reaver; obter como recompensa ou favor, ou ainda por merecimento; chegar às mãos de (alguém) ou aceitar (algo que lhe é enviado, oferecido, entregue etc.) por (alguém)" (Antônio Houaiss, *Dicionário Houaiss da língua portuguesa*, Rio de Janeiro, Objetiva, 2001, p. 2398).

Transportar

"Levar ou conduzir (seres animados ou coisas) a (determinado lugar); carregar" (Antônio Houaiss, *Dicionário Houaiss da língua portuguesa*, Rio de Janeiro, Objetiva, 2001, p. 2753).

Conduzir

"Ir junto com ou dentro de (algo), de um lugar para outro, dando-lhe direção e/ ou comando; guiar; dirigir; possibilitar a ida de um lugar a outro, de uma coisa a outra; levar a" (Antônio Houaiss, *Dicionário Houaiss da língua portuguesa*, Rio de Janeiro, Objetiva, 2001, p. 793).

Ocultar

Significa esconder, com o objetivo de não permitir a localização.

***Ter* em depósito**

É o mesmo que conservar ou manter à sua disposição, sob sua guarda.

Desmontar

"Desfazer (algo que forma um conjunto ou um todo separando-lhe os elementos); desarmar, desmantelar (uma máquina)" (Antônio Houaiss, *Dicionário Houaiss da língua portuguesa*, Rio de Janeiro, Objetiva, 2001, p. 1003).

Montar

"Pôr (algo) em condições de funcionamento; juntar (as diversas partes de algo); encaixar; engastar" (Antônio Houaiss, *Dicionário Houaiss da língua portuguesa*, Rio de Janeiro, Objetiva, 2001, p. 1956).

Remontar

Consertar; montar algo que havia sido desmontado, de forma a dar-lhe novamente condições de utilização para a finalidade a que se destina.

Adulterar

"Introduzir alteração em; modificar; produzir falsificação em; defraudar" (Antônio Houaiss, *Dicionário Houaiss da língua portuguesa*, Rio de Janeiro, Objetiva, 2001, p. 93).

Vender

"Transferir (bem ou mercadoria) para outrem em troca de dinheiro; praticar o comércio de; comerciar com; negociar; pôr (algo) à venda; oferecer para venda"

(Antônio Houaiss, *Dicionário Houaiss da língua portuguesa*, Rio de Janeiro, Objetiva, 2001, p. 2840).

***Expor* à venda**

Apresentar; pôr à vista ou em exibição; colocar em evidência, para o fim de transferir a outrem, mediante pagamento de quantia em dinheiro.

Utilizar

"Lançar mão de; fazer uso de, usar, empregar, aplicar; empregar (algo) em ou para determinado fim" (Antônio Houaiss, *Dicionário Houaiss da língua portuguesa*, Rio de Janeiro, Objetiva, 2001, p. 2817).

➥ Elemento normativo

Em qualquer das modalidades tipificadas no *caput* do art. 17, é necessário observar o elemento normativo do tipo, pois a configuração do ilícito exige, em complemento, que a conduta tenha sido praticada, no exercício de atividade comercial ou industrial, *sem autorização ou em desacordo com determinação legal ou regulamentar*.

"Basta a realização de qualquer das ações nucleares mencionadas no tipo, sem autorização e em desacordo com determinação legal ou regulamentar, para a consumação" (TJMG, Ap. 1.0312.04.911265-8/001, 1ª CCrim, rel. Des. Sérgio Braga, j. 15-2-2005).

Se a conduta não for praticada no exercício de atividade comercial ou industrial, ou, havendo autorização, ou estando a conduta em conformidade com determinação legal ou regulamentar, ainda que praticado um dos verbos do tipo, é forçoso reconhecer a atipicidade para os fins do art. 17, *caput*.

➥ Venda a criança ou adolescente

A venda de arma de fogo, acessório ou munição à criança ou adolescente, *no exercício de atividade comercial ou industrial*, sem autorização ou em desacordo com determinação legal ou regulamentar, tipifica o crime do art. 17, *caput*, do Estatuto do Desarmamento.

Se a venda ocorrer *fora do exercício de atividade comercial ou industrial*, sem autorização ou em desacordo com determinação legal ou regulamentar, a conduta ajustar-se-á ao disposto no art. 16, § 1º, V, desta Lei.

➥ Objeto material

Constitui objeto material do crime previsto no art. 17, *caput*, da Lei n. 10.826/2003: a *arma de fogo*, o *acessório* ou a *munição*, que tanto pode ser de uso permitido como de uso proibido ou restrito.

Em se tratando de arma de fogo, acessório ou munição de uso proibido ou restrito, a pena é aumentada de metade, conforme determina o art. 19 desta Lei.

↪ Norma penal em branco

O art. 17, *caput*, da Lei n. 10.826/2003, constitui norma penal em branco, pois sua eficácia está condicionada à existência de outras espécies normativas, dependendo basicamente dos Decretos n. 9.845 e 10.030, ambos de 2019.

↪ Consumação

Com a prática efetiva de qualquer das condutas previstas.

"O delito de comércio ilegal de arma de fogo, previsto no art. 17 da Lei 10.826/2003, trata do tipo de perigo abstrato, que alguns denominam 'presumido', cuja existência a lei presume de forma absoluta (*juris et de jure*), sem admitir prova em contrário. Basta a realização de qualquer das ações nucleares mencionadas no tipo, sem autorização e em desacordo com determinação legal ou regulamentar, para a consumação, sendo irrelevante qualquer avaliação subsequente sobre a ocorrência de efetivo perigo à coletividade" (TJMG, Ap. 1.0312.04.911265-8/001, 1ª CCrim, rel. Des. Sérgio Braga, j. 15-2-2005).

↪ Tentativa

É possível.

Embora de difícil constatação prática, não se pode excluir, *a priori*, a possibilidade de forma tentada.

↪ Ação penal

Pública incondicionada.

↪ Transação penal

É inadmissível. A pena máxima cominada é superior a 2 (dois) anos (ver art. 61 da Lei n. 9.099/95).

↪ Suspensão condicional do processo

É incogitável. A pena mínima cominada é superior a 1 (um) ano, não atendendo ao requisito objetivo estabelecido no art. 89 da Lei n. 9.099/95.

↪ Procedimento em Juízo

Não há procedimento especial para os crimes previstos na Lei n. 10.826/2003.

Segue-se o rito *comum, ordinário* (art. 394, § 1º, I, do CPP), previsto nos arts. 396 a 405 do CPP.

➥ Competência

É da Justiça Estadual.

"O fato de o suposto crime de comércio ilegal de arma de fogo ter sido cometido por meio da rede mundial de computadores (internet), não atrai, necessariamente, a competência da Justiça Federal para o processamento do feito. Para se firmar a competência da Justiça Federal, além da lesão a bens, serviços e interesses da União e de o País ser signatário de acordos e tratados internacionais, a teor dos incisos IV e V do art. 109 da CF, deve-se demonstrar que a prática do delito efetivamente ultrapassou as fronteiras do Estado brasileiro" (STJ, CC 126.950/SP, 3ª S., rel. Min. Alderita Ramos de Oliveira, j. 24-4-2013, *DJe* de 10-5-2013).

➥ Pena

Reclusão, de 6 (seis) a 12 (doze) anos, e multa.

Nos crimes previstos nos arts. 17 e 18, a pena é aumentada da metade se a arma de fogo, acessório ou munição forem de uso proibido ou restrito (art. 19 da Lei n. 10.826/2003).

Dispõe o art. 20 da Lei n. 10.826/2003: "Nos crimes previstos nos arts. 14, 15, 16, 17 e 18, a pena é aumentada da metade se: I — forem praticados por integrante dos órgãos e empresas referidas nos arts. 6º, 7º e 8º desta Lei; ou II — o agente for reincidente específico em crimes dessa natureza".

ART. 17, § 2º

➥ Compreensão da regra

Leitura apressada do § 2º do art. 17 poderia levar à conclusão no sentido de que estamos diante de figura penal que se perfaz mediante a prática dos verbos "vender" ou "entregar", nas circunstâncias descritas no tipo, mas essa forma de pensar é errada.

Admitir que se trata de tipo penal por equiparação, realizável mediante venda ou entrega, implicaria concluir que o legislador teria desconsiderado a ideia de "flagrante preparado" a que se refere a Súmula 145 do STF, segundo a qual: "Não há crime, quando a preparação do flagrante pela polícia torna impossível a sua consumação".

Em verdade, o dispositivo sob análise revela a expressa adoção de conhecida técnica de investigação realizável com a utilização do personagem que se convencionou denominar "agente policial disfarçado", e a consumação do crime está condicionada à existência de conduta criminal preexistente.

Isso corresponde a dizer que, havendo elementos probatórios razoáveis, dentre os quais se situam os indícios, indicativos de conduta criminal preexistente, se o agente vender ou entregar ao policial disfarçado, arma de fogo, acessório ou munição, sem autorização ou em desacordo com determinação legal ou regulamentar, deverá ser preso em flagrante. Note-se, contudo, que em relação às condutas consubstanciadas nos verbos vender ou entregar persiste a figura do flagrante preparado, de modo que a imputação criminal e a prisão em flagrante decorrerão, apenas e tão somente, das condutas preexistentes listadas no *caput* do art. 17, notadamente das modalidades adquirir, alugar, receber, transportar, conduzir, ocultar, ter em depósito, expor à venda e utilizar.

Em síntese, a Súmula 145 do STF permanece íntegra; o art. 17, § 2º, não autoriza ou convalida situações de flagrante preparado, e não tipifica como crime as condutas de vender ou entregar, mas apenas as condutas preexistentes, à luz do disposto em seu preceito fundamental, conforme o caso concreto revelar. Tem relevo enfatizar, por fim, que a prisão em flagrante, em casos tais, somente estará autorizada se empiricamente demonstrada a presença de elementos probatórios razoáveis de conduta criminal preexistente, o que afasta a possibilidade de diligências aleatórias que culminem com prisão em flagrante, a que a doutrina convencionou denominar *fishing expedition*, verdadeiro acaso probatório. "De acordo com Alexandre Morais da Rosa e Tiago Bunning Mendes, o *fishing expedition* ou a 'pescaria probatória' constitui em um meio de 'investigação especulativa indiscriminada, sem objetivo certo ou declarado que, de forma ampla e genérica, 'lança' suas redes com esperança de 'pescar' qualquer prova para subsidiar uma futura acusação ou para tentar justificar uma investigação/ação já iniciada' (Rosa, Alexandre Morais da; Mendes, Tiago Bunning. *Limites para evitar o fishing expedition*: análise da decisão do Min. Celso de Mello no Inq. 4.831/DF. Canal Ciências Criminais. Disponível em: fishing-expedition-analise-da-decisao/>). Na doutrina alemã, Bernd Schumann denomina esse fenômeno 'efeito hidra', que é caracterizado pela consistente busca, permanentemente ampliada, estendida e, portanto, invasiva, de elementos de prova relativos a fatos que se desconhece, para além dos regulares limites da investigação (Rosa, Alexandre Morais da; Mendes, Tiago Bunning. *Limites para evitar o fishing expedition*: análise da decisão do Min. Celso de Mello no Inq. 4.831/DF. Canal Ciências Criminais. Disponível em: fishing-expedition-analise-da-decisao/>). O STF tem rechaçado esse exercício ilegítimo dos instrumentos de persecução, embora nem sempre se utilize dessa nomenclatura consagrada na experiência anglo-saxã. Destaca-se, por exemplo: a) a proibição da quebra de sigilo telefônico com base em listagem genérica, sem a discriminação de pessoa individualizada que seja considerada como investigada (STF, Inq-AgR 2.245/MG, rel. Min. Joaquim Barbosa, *DJe* 9-11-2007); b) a ilicitude de provas obtidas através do cumprimento de mandado de busca e apreensão 'estendido', em endereço que não constava do mandado e nem da decisão (STF, HC 106.566/SP, rel. Min. Gilmar Mendes, 2ª T., j. 16-12-2014). Destaquei a ilegalidade dessas medidas no julgamento dos *Habeas Corpus* 144.159 e 163.641, ao assentar que 'O controle judicial prévio para autorizar a busca e apreensão é essencial com a finalidade de se verificar a existência de justa causa, de modo a se evitar *fishing expeditions* (investigações genéricas para buscar elementos incriminatórios aleatoriamente, sem qualquer embasamento prévio)'. Portanto, deve-se ter cuidado para se diferenciar o encontro fortuito de provas da busca expansiva e dissimulada de elementos incriminatórios, de modo a se impedir que as investigações invadam a esfera de competência de outros Juízos ou Tribunais, o que viola a garantia do Juiz Natural (art. 5º, LIII), além de possibilitar o adequado exercício do direito de defesa, evitando-se a indevida violação à intimidade e à vida privada (art. 5º, X, da CF/88) ou a submissão dos acusados a um processo circular ou estado de permanente investigação" (STF, Rcl 42.389/SP, rel. Min. Gilmar Mendes, j. 28-8-2020, *DJe*-224, de 10-9-2020).

➥ Penas restritivas de direitos

É incabível, à luz do disposto no art. 44, I, do CP, posto que a pena mínima cominada é superior a 4 (quatro) anos.

➥ Doutrina

THALES TÁCITO PONTES LUZ DE PÁDUA CERQUEIRA, Lei 10.826/2003 — questões polêmicas, in *Reforma criminal*, São Paulo, Revista dos Tribunais, 2004, p. 446 a 453; VINICIUS DE TOLEDO PIZA PELUSO, Munição e acessórios: uma desproporção explosiva, *RT* 837/398; FERNANDO CAPEZ, Estatuto do Desarmamento (Lei 10.826/2003): infrações de perigo e o princípio da ofensividade, *Revista Magister de Direito Penal e Processual Penal*, n. 9, p. 5, dez. 2005/jan. 2006; MOACIR MARTINI DE ARAÚJO, Breves considerações sobre a competência para a apuração dos crimes do Estatuto do Desarmamento, *Boletim IBCCrim*, n. 142, p. 9; PAULO CÉZAR DIAS, Estatuto do Desarmamento — aplicação coerente com o ordenamento jurídico, *Boletim do Instituto de Ciências Penais*, n. 57, p. 3; FRANCISCO DIAS TEIXEIRA, Competência para julgar os crimes relacionados a arma de fogo, *Revista Brasileira de Ciências Criminais*, ano 5, n. 20, p. 95, out./dez. 1997; ANDRÉ GUILHERME TAVARES DE FREITAS, A restituição do instrumento do crime e o Estatuto do Desarmamento — Lei n. 10.826/2003, *Revista Síntese de Direito Penal e Processual Penal*, n. 26, p. 41; LEONARDO GERALDO BAETA DAMASCENO, Apontamentos sobre os crimes previstos no Estatuto do Desarmamento: Lei n. 10.826/2003. Disponível em: http://jus2.uol.com.br/doutrina/texto.asp?id=6864; NELSON CANEDO MOTTA, A eficácia dos tipos penais da Lei n. 10.826/2003. Disponível em: http://jus2.uol.com.br/doutrina/texto.asp?id=5005; THOMAS WLASSAK, Contribuições críticas à Lei n. 10.826/2003. Disponível em: http://jus2.uol.com.br/doutrina/texto.asp?id=5004; MARCELO LESSA BASTOS, Estatuto do Desarmamento. Armas de uso permitido e restrito e outras considerações. Disponível em: http://jus2.uol.com.br/doutrina/texto.asp?id=5823; FILIPE COUTINHO DA SILVEIRA, Sobre a criminalização de condutas e a proibição de venda de armas e munições. Disponível em: http://jus2.uol.com.br/doutrina/texto.asp?id=7459; MARCELO MATIAS PEREIRA, Dos crimes de arma de fogo em espécie. Disponível em: http://jus2.uol.com.br/doutrina/texto.asp?id=5155; DAMÁSIO E. DE JESUS, A questão do desarmamento. Disponível em: http://jus2.uol.com.br/doutrina/texto.asp?id=5209.

TRÁFICO INTERNACIONAL DE ARMA DE FOGO

Art. 18. *Importar, exportar, favorecer a entrada ou saída do território nacional, a qualquer título, de arma de fogo, acessório ou munição, sem autorização da autoridade competente:*

Pena *— reclusão de 8 (oito) a 16 (dezesseis) anos, e multa.*

Parágrafo único. *Incorre na mesma pena quem vende ou entrega arma de fogo, acessório ou munição, em operação de importação, sem autorização da autoridade competente, a agente policial disfarçado, quando presentes elementos probatórios razoáveis de conduta criminal preexistente.*

➥ Decreto n. 5.941, de 26 de outubro de 2006

Promulga o Protocolo contra a fabricação e o tráfico ilícito de armas de fogo, suas peças, componentes e munições, complementando a Convenção das Nações Unidas contra o Crime Organizado Transnacional, adotado em Nova York, em 31 de maio de 2001.

➥ Decreto n. 5.945, de 26 de outubro de 2006

Promulga o Memorando de Entendimento entre a República Federativa do Brasil e a República Argentina para o estabelecimento de um mecanismo permanente de intercâmbio de informações sobre a circulação e o tráfico ilícito de armas de fogo, munições, explosivos e outros materiais correlatos, celebrado em Buenos Aires, em 16 de outubro de 2003.

➥ Decreto n. 6.060, de 13 de março de 2007

Promulga a Convenção Interamericana sobre Transparência nas Aquisições de Armas Convencionais, celebrada na Cidade da Guatemala, em 7-6-1999.

➥ Decreto n. 9.845, de 25 de junho de 2019

Regulamenta a Lei n. 10.826/2003, para dispor sobre a aquisição, o cadastro, o registro e a posse de armas de fogo e de munição.

➥ Decreto n. 9.846, de 25 de junho de 2019

Regulamenta a Lei n. 10.826/2003, para dispor sobre o registro, o cadastro e a aquisição de armas e de munições por caçadores, colecionadores e atiradores.

➥ Decreto n. 9.847, de 25 de junho de 2019

Regulamenta a Lei n. 10.826/2003, para dispor sobre a aquisição, o cadastro, o registro, o porte e a comercialização de armas de fogo e de munição e sobre o Sistema Nacional de Armas e o Sistema de Gerenciamento Militar de Armas.

➥ Decreto n. 10.030, de 30 de setembro de 2019

Aprova o Regulamento de Produtos Controlados.

➥ Requisitos legais para adquirir arma de fogo de uso permitido

Verificar o art. 4º, I, II e III, da Lei n. 10.826/2003, o art. 3º do Decreto n. 9.845/2019, e o art. 12 do Decreto n. 9.847/2019.

Sobre a possibilidade de dispensa das exigências constantes do inciso III do *caput* do art. 4º, verificar o § 8º do mesmo artigo.

ART. 18, *CAPUT*

➥ Classificação

Crime comum; doloso; instantâneo; formal; plurissubsistente; comissivo; de perigo abstrato.

"Os crimes de perigo abstrato são os que prescindem de comprovação da existência de situação que tenha colocado em risco o bem jurídico tutelado, ou seja, não se exige a prova de perigo real, pois este é presumido pela norma, sendo suficiente a periculosidade da conduta, que é inerente à ação. As condutas punidas por meio dos delitos de perigo abstrato são as que perturbam não apenas a ordem pública, mas lesionam o direito à segurança, daí por que se justifica a presunção de ofensa ao bem jurídico" (STJ, AgRg no REsp 1.279.601/RS, 5ª T., rel. Min. Jorge Mussi, j. 20-10-2015, *DJe* de 27-10-2025).

➥ Norma penal em branco

O art. 18, *caput*, da Lei n. 10.826/2003, constitui norma penal em branco, pois sua eficácia está condicionada à existência de outras espécies normativas.

➥ Objeto jurídico da tutela penal

É a incolumidade pública; a segurança pública.

A tutela penal também se estende à administração pública, a quem cabe o rigoroso controle do comércio internacional de arma de fogo, acessório ou munição.

➥ Sujeito ativo

Crime comum, pode ser praticado por qualquer pessoa, não sendo necessária nenhuma qualidade especial do agente.

Sujeito passivo

Trata-se de crime vago, em que sujeito passivo é a coletividade; a sociedade.

No mesmo sentido: Damásio E. de Jesus, *Direito penal do desarmamento*, 5. ed. reformulada, São Paulo, Saraiva, 2005, p. 126; Renato Brasileiro de Lima, *Legislação criminal especial comentada*, 9. ed., Salvador, JusPodivm, 2021, p. 476.

Na visão de Guilherme de Souza Nucci, sujeito passivo "é a sociedade. Em segundo plano, o Estado, que tem interesse — inclusive para a arrecadação tributária e regulamentação da atividade econômica — de controlar o que entra e sai do país" (*Leis penais e processuais penais comentadas*, 13. ed., Rio de Janeiro, Forense, v. 2, 2020, p. 55).

Entendendo que sujeito passivo é "o Estado, notadamente a União, em sua política de controle dos armamentos em nosso País, bem como a coletividade que sofre com a violência causada pelas armas de fogo": Roberto Delmanto, Roberto Delmanto Junior e Fabio M. de Almeida Delmanto, *Leis penais especiais comentadas*, 3. ed. São Paulo, Saraiva, 2018, p. 823.

Necessário observar, contudo, que apontar a União como sujeito passivo tem por consequência admitir que o crime é de competência da Justiça Federal, conforme decorre do art. 109, IV, da CF, com o que não concordamos.

Elemento subjetivo do tipo

É o dolo. Basta o dolo genérico.

Não se exige uma finalidade específica para o agir em conformidade com o tipo.

Não há forma culposa.

No mesmo sentido: Eduardo Cabette e Francisco Sannini, *Tratado de legislação especial criminal*, 2. ed. São Paulo, Mizuno, 2021, p. 141; Renato Brasileiro de Lima, *Legislação criminal especial comentada*, 9. ed., Salvador, JusPodivm, 2021, p. 477.

Tipo objetivo

Trata-se de tipo misto alternativo; crime de ação múltipla ou de conteúdo variado.

É possível praticar o crime de tráfico internacional de arma de fogo, acessório ou munição, previsto no art. 18, *caput*, da Lei n. 10.826/2003, mediante a realização de um dos 3 (três) verbos descritos na norma penal incriminadora, quais sejam: 1) *importar*; 2) *exportar*; e 3) *favorecer*.

"Para a configuração do tráfico internacional de arma de fogo não basta apenas a procedência estrangeira do armamento ou munição, sendo necessário que se comprove a internacionalidade da ação" (STJ, CC 105.933/RS, 3ª S., rel. Min. Jorge Mussi, j. 28-4-2010, *DJe* de 20-5-2010).

"O tipo de tráfico internacional de arma de fogo de uso restrito, dos arts. 18 c.c. 19 da Lei n. 10.826/2003, configura-se com o mero favorecimento da entrada ou saída, a qualquer título, do artefato bélico do território nacional, sem autorização da autoridade competente. Isto é, aplica-se ao simples porte de arma para além das fronteiras nacionais. Precedentes. Assim, para a configuração do tipo dos arts. 18 c.c. 19 da Lei n. 10.826/2003, não é necessário que tenha ocorrido ato de importação propriamente dito, mas sim o favorecimento da introdução do artefato bélico no território nacional" (STJ, AgRg no HC 368.990/PR, 5ª T., rel. Min. Reynaldo Soares da Fonseca, j. 7-8-2018, *DJe* de 15-8-2018).

"O conflito aparente de normas entre o crime previsto no art. 18 do Estatuto do Desarmamento em face do art. 14 da mesma Lei é solucionado pelo critério da especialidade" (STJ, AgRg no HC 536.264/SP, 6ª T., rel. Min. Nefi Cordeiro, j. 17-12-2019, *DJe* de 3-2-2020).

A prática de dois ou até mesmo dos três verbos em um só contexto tipifica crime único.

"O crime de tráfico internacional de arma de fogo, acessórios ou munição é de ação múltipla, consumando-se pela prática de qualquer uma das condutas previstas no art. 18 da Lei n. 10.826/2003" (STJ, CC 147.709/PE, 3ª S., rel. Min. Joel Ilan Paciornik, j. 11-10-2017, *DJe* de 20-10-2017).

➥ Ações nucleares do tipo penal

Importar

"Trazer de fora do país" (Antônio Houaiss, *Dicionário Houaiss da língua portuguesa*, Rio de Janeiro, Objetiva, 2001, p. 1583).

Exportar

"Vender (algo), remetendo-o para fora do país; enviar, para fora do país a que pertence" (Antônio Houaiss, *Dicionário Houaiss da língua portuguesa*, Rio de Janeiro, Objetiva, 2001, p. 1289).

Favorecer

"Prestar obséquio a; criar condições para; concorrer; contribuir, cooperar; conceder proteção demonstrando parcialidade, indulgência" (Antônio Houaiss, *Dicionário Houaiss da língua portuguesa*, Rio de Janeiro, Objetiva, 2001, p. 1315).

➥ Elemento normativo

Em qualquer das modalidades típicas previstas é necessário observar o elemento normativo do tipo, pois a configuração do ilícito exige, em complemento, que a conduta tenha sido praticada "sem autorização da autoridade competente".

Havendo autorização, ainda que praticado um dos verbos do tipo, é forçoso reconhecer a atipicidade.

Nos precisos termos do art. 24 do Estatuto do Desarmamento: "Excetuadas as atribuições a que se refere o art. 2º desta Lei, compete ao Comando do Exército autorizar e fiscalizar a produção, exportação, importação, desembaraço alfandegário e o comércio de armas de fogo e demais produtos controlados, inclusive o registro e o porte de trânsito de arma de fogo de colecionadores, atiradores e caçadores".

➥ Objeto material

Constitui objeto material do crime previsto no art. 18 da Lei n. 10.826/2003: a *arma de fogo*, o *acessório* ou a *munição*, que tanto pode ser de uso permitido como de uso proibido ou restrito.

➥ Consumação

Consuma-se o delito com a prática efetiva de qualquer das condutas previstas, independentemente de outro resultado específico.

"Restando incontroverso dos autos que o recorrente transportou para dentro do território nacional arma de fogo e munição sem autorização da autoridade competente, fica configurada a conduta descrita no tipo do art. 18 da Lei n. 10.826/2003 concernente ao tráfico internacional de armas" (STJ, REsp 1.365.654/PR, 6ª T., rel. Min. Maria Thereza de Assis Moura, j. 2-10-2014, *DJe* de 13-10-2014, *REPDJe* 29-10-2014).

➥ Tentativa

É possível.

"Está incurso no art. 18 da Lei 10.826/2003, na forma tentada, o agente que inicia atos executórios relativos ao tráfico internacional de arma de fogo e munições de uso permitido, mas sem a correspondente autorização legal, não logrando êxito em obter a vantagem ilícita por circunstâncias alheias a sua vontade (art. 14 do CP)" (TRF, 4ª R., Ap. 2006.70.02.011551-2/PR, 8ª T., rel. Des. Federal Paulo Afonso Brum Vaz, j. 18-7-2007, *DJU* de 26-7-2007, *RT* 866/767).

➥ Ação penal

Pública incondicionada.

➥ Transação penal

É inadmissível.

Não se trata de infração penal de pequeno potencial ofensivo, pois a pena máxima cominada é superior a 2 (dois) anos (ver art. 61 da Lei n. 9.099/95).

➥ Suspensão condicional do processo

É incogitável. A pena mínima cominada é superior a 1 (um) ano, não atendendo ao requisito objetivo estabelecido no art. 89 da Lei n. 9.099/95.

➥ Procedimento em Juízo

Não há procedimento especial para os crimes previstos na Lei n. 10.826/2003.

Segue-se o rito *comum, ordinário* (art. 394, § 1º, I, do CPP), previsto nos arts. 396 a 405 do CPP.

➥ Competência

É da Justiça Federal, por força do disposto no art. 109, IV e V, da CF.

"Compete à Justiça Federal processar e julgar o delito previsto no art. 18 da Lei n. 10.826/2003 (CR, art. 109, incisos IV e V). Todavia, 'para a configuração do tráfico internacional de arma de fogo não basta apenas a procedência estrangeira do armamento ou munição, sendo necessário que se comprove a internacionalização da ação' (CC 105.933/RS, rel. Min. Jorge Mussi, 3ª S., *DJe* 20-5-2010)" (STJ, CC 133.823/PR, 3ª S., rel. Min. Newton Trisotto, j. 8-10-2014, *DJe* de 15-10-2014).

➥ Pena

Reclusão, de 8 (oito) a 16 (dezesseis) anos, e multa.

Nos crimes previstos nos arts. 17 e 18, a pena é aumentada da metade se a arma de fogo, acessório ou munição forem de uso proibido ou restrito (art. 19 da Lei n. 10.826/2003).

Dispõe o art. 20 da Lei n. 10.826/2003: "Nos crimes previstos nos arts. 14, 15, 16, 17 e 18, a pena é aumentada da metade se: I — forem praticados por integrante dos órgãos e empresas referidas nos arts. 6º, 7º e 8º desta Lei; ou II — o agente for reincidente específico em crimes dessa natureza".

➥ Penas restritivas de direitos

Se o crime for consumado, é incabível a substituição da pena privativa de liberdade por restritivas de direitos, tendo em vista o *quantum* cominado e a vedação expressa no art. 44, I, do CP.

Na hipótese de crime tentado, a depender do redutor aplicado por força do disposto no art. 14, parágrafo único, do CP, será possível alcançar o requisito objetivo necessário ao implemento da substituição.

Liberdade provisória

Consultar nossas anotações ao art. 21 desta Lei.

Lei de Segurança Nacional

A Lei n. 7.170/83, define os crimes contra a segurança nacional, a ordem política e social, estabelece seu processo e julgamento e dá outras providências.

Nos precisos termos de seu art. 12, será punido com reclusão, de 3 (três) a 10 (dez) anos, quem "importar ou introduzir, no território nacional, por qualquer forma, sem autorização da autoridade federal competente, armamento ou material militar privativo das Forças Armadas". Conforme o disposto em seu parágrafo único, "na mesma pena incorre quem, sem autorização legal, fabrica, vende, transporta, recebe, oculta, mantém em depósito ou distribui o armamento ou material militar de que trata este artigo".

Dessa tipificação decorre conflito aparente de normas, observada a literalidade do art. 18, *caput*, do Estatuto do Desarmamento, cuja solução passa pela compreensão do disposto nos arts. 1º e 2º da Lei de Segurança Nacional.

Dispõe o art. 1º da LSN: "Esta Lei prevê os crimes que lesam ou expõem a perigo de lesão: I — a integridade territorial e a soberania nacional; II — o regime representativo e democrático, a Federação e o Estado de Direito; III — a pessoa dos chefes dos Poderes da União".

Nos termos do art. 2º da mesma Lei, "quando o fato estiver também previsto como crime no Código Penal, no Código Penal Militar ou em leis especiais, levar-se-ão em conta, para a aplicação desta Lei: I — a motivação e os objetivos do agente; II — a lesão real ou potencial aos bens jurídicos mencionados no artigo anterior".

É preciso, portanto, averiguar qual o bem jurídico lesado ou exposto a perigo de lesão, assim como a motivação e os objetivos do agente. Havendo relação com a tutela específica indicada, por força do princípio da especialidade a hipótese é de crime capitulado na Lei de Segurança Nacional; do contrário, aplica-se o Estatuto do Desarmamento.

Lei n. 9.112, de 10 de outubro de 1995

A Lei n. 9.112/95 trata da exportação de bens sensíveis, de aplicação bélica, bens de uso duplo e os bens de uso na área nuclear, química e biológica, portanto, sem relação com a matéria e o objeto material tratado no art. 18 da Lei n. 10.826/2003 (Estatuto do Desarmamento), do que decorre a inexistência de qualquer conflito de normas a ser resolvido, mesmo aparente.

Art. 318 do Código Penal

O art. 318 do CP pune com reclusão, de 3 (três) a 8 (oito) anos, e multa, "facilitar, com infração de dever funcional, a prática de contrabando ou descaminho".

O *conflito aparente de normas* que se estabelece é resolvido em face do princípio da especialidade, seja o autor funcionário público ou não, e tal conclusão decorre evidente da redação do art. 18 do Estatuto do Desarmamento, onde se lê que as condutas descritas podem ter sido praticadas *a qualquer título*.

➥ Art. 334-A do Código Penal

O art. 334-A do Código Penal pune com reclusão, de 2 (dois) a 5 (cinco) anos, o crime de contrabando.

O *conflito aparente de normas* que se estabelece também é resolvido em face do *princípio da especialidade*, prevalecendo a incidência do art. 18 do Estatuto do Desarmamento quando se tratar de arma de fogo, acessório ou munição.

"Tipificada a conduta de importar munição sem autorização da autoridade competente pelo art. 18 da Lei n. 10.826/2003, não há que se falar em crime de contrabando" (STJ, AgRg no REsp 1.510.781/PR, 5ª T., rel. Min. Jorge Mussi, j. 3-12-2015, *DJe* de 14-12-2015).

"'A existência de norma específica regulando determinada infração penal é circunstância impeditiva de desclassificação da conduta para outro tipo criminal, em face do princípio da especialidade. Tipificada a conduta de importar munição sem autorização da autoridade competente pelo art. 18 da Lei n. 10.826/2003, não há que se falar em crime de contrabando' (AgRg no REsp n. 1.510.781/PR, 5ª T. rel. Min. Jorge Mussi, *DJe* de 14-12-2015)" (STJ, AgRg no REsp 1.497.217/PR, 5ª T., rel. Min. Felix Fischer, j. 17-5-2016, *DJe* de 25-5-2016).

"Nos termos da jurisprudência desta Corte, a introdução de munições em território nacional, sem autorização da autoridade competente, tem tipificação específica no estatuto do desarmamento, motivo pelo qual descabe a sua desclassificação para o crime de contrabando, em observância à aplicação do princípio da especialidade" (STJ, AgRg no REsp 1.428.477/RS, 6ª T., rel. Min. Nefi Cordeiro, j. 20-3-2018, *DJe* de 2-4-2018).

"A tentativa de introduzir 75 munições em território nacional, sem autorização dos órgãos competentes, tem tipificação específica no art. 18 da Lei n. 10.826/2006; não cabe a desclassificação da conduta para o crime do art. 334 do CP com lastro no número de projéteis, o que vai de encontro ao princípio da especialidade" (STJ, AgRg no REsp 1.557.678/RS, 6ª T., rel. Min. Rogério Schietti Cruz, j. 13-8-2019, *DJe* de 27-8-2019).

➥ Princípio da insignificância

Durante certo tempo o Superior Tribunal de Justiça se recusou a reconhecer a incidência do princípio da insignificância em face de condutas tipificadas no Estatuto do Desarmamento.

Nessa linha de orientação, reiteradas vezes se pronunciou que no âmbito daquela Egrégia Corte "pacificou-se o entendimento de que nos delitos previstos na Lei n. 10.826/2003, por se tratar de crimes de perigo abstrato, nos quais o objeto jurídico tutelado é a segurança pública e a paz social, não se aplica o princípio da insignificância, sendo irrelevante a quantidade de munição apreendida" (STJ, REsp 1.252.964/PR, 6ª T., rel. Min. Maria Thereza de Assis Moura, j. 27-6-2014, *DJe* de 4-8-2014).

Mas é fato que a compreensão da Corte Federal evoluiu, e atualmente prevalece entendimento em sentido oposto, e por isso são frequentes os julgados em que se tem reconhecido, com acerto, a incidência do princípio da insignificância, notadamente em relação à posse ou porte de ínfima quantidade de munição.

Nesse sentido, já se enfatizou: "Ambas as Turmas que compõem a Terceira Seção desta Corte Superior orientaram-se no sentido da atipicidade da conduta perpetrada, diante da ausência de afetação do referido bem jurídico, tratando-se de crime impossível pela ineficácia absoluta do meio (REsp n. 1.699.710/MS, Min. Maria Thereza de Assis Moura, 6ª T. *DJe* 13-11-2017; e HC n. 438.148/MS, Min. Ribeiro Dantas, 5ª T. *DJe* 30-5-2018). A Segunda Turma do Supremo Tribunal Federal posicionou-se no sentido de desconsiderar a potencialidade lesiva na hipótese em que pouca munição é apreendida desacompanhada de arma de fogo (RHC n. 143.449/MS, Min. Ricardo Lewandowski, 2ª T., *DJe* 9-10-2017)" (STJ, AgRg no REsp 1.841.147/RS, 6ª T., rel. Min. Sebastião Reis Júnior, j. 25-8-2020, *DJe* de 2-9-2020).

"A aplicação do princípio da insignificância nas hipóteses admitidas pela Corte Suprema guardam as suas próprias peculiaridades e deve ficar restrita a casos excepcionais que demonstrem a inexpressividade da lesão" (STJ, REsp 1.888.381/GO, 6ª T., rel. Min. Nefi Cordeiro, j. 6-10-2020, *DJe* de 13-10-2020).

No que diz respeito ao delito tipificado no art. 18, *caput*, do Estatuto do Desarmamento, não há razão para se recusar o reconhecimento do princípio da insignificância, quando se estiver diante de conduta incapaz de produzir lesividade, por isso conducente à falta de tipicidade material.

Embora versando sobre delito diverso, não é ocioso registrar que, em acórdão paradigmático relatado pelo Min. Celso de Mello, o Supremo Tribunal Federal decidiu:

"O princípio da insignificância — que deve ser analisado em conexão com os postulados da fragmentariedade e da intervenção mínima do Estado em matéria penal — tem o sentido de excluir ou de afastar a própria tipicidade penal, examinada na perspectiva de seu caráter material. Doutrina. Tal postulado — que considera necessária, na aferição do relevo material da tipicidade penal, a presença de certos vetores, tais como (a) a mínima ofensividade da conduta do agente, (b) a nenhuma periculosidade social da ação, (c) o reduzidíssimo grau de reprovabilidade do comportamento e (d) a inexpressividade da lesão jurídica provocada — apoiou-se, em seu processo de formulação teórica, no reconhecimento de que o caráter subsidiário do sistema penal reclama e impõe, em função dos próprios objetivos por ele visados, a intervenção mínima do Poder Público. O postulado da insignificância e a função do direito penal: "*de minimis, non curat praetor*". — O sistema jurídico há de considerar a relevantíssima circunstância de que a privação da liberdade e a restrição de direitos do indivíduo somente se justificam quando estritamente necessárias à própria proteção das pessoas, da sociedade e de outros bens jurídicos que lhes sejam essenciais, notadamente naqueles casos em que os valores penalmente tutelados se exponham a dano, efetivo ou potencial, impregnado de significativa lesividade. O direito penal não se deve ocupar de condutas que produzam resultado, cujo desvalor — por não importar em lesão significativa a bens jurídicos relevantes — não represente, por isso mesmo, prejuízo importante, seja ao titular do bem jurídico tutelado, seja à integridade da própria ordem social" (STF, HC 84.412/SP, 2ª T., rel. Min. Celso de Mello, j. 19-10-2004, *DJ* de 19-11-2004, p. 29, *RT* 834/477, *RTJ*, v. 192, p. 963).

Também em relação ao art. 18, *caput*, do Estatuto do Desarmamento, não há fundamento jurídico-científico que legitime apriorística recusa à incidência do princípio em testilha, em desconsideração com o caso concreto.

"O Direito Penal, regido pelo princípio da intervenção mínima, deve ocupar-se da proteção dos bens jurídicos mais valorosos e necessários à vida em sociedade, intervindo somente quando os demais ramos do direito não forem capazes de fazê-lo. É utilizado, portanto, como *ultima ratio*. Em virtude de seu caráter fragmentário e subsidiário, a persecução penal pressupõe não apenas a subsunção da conduta ao tipo (tipicidade formal), mas também a existência da tipicidade material. Nesse contexto, à luz do Princípio da Insignificância, far-se-á a averiguação da tipicidade material da conduta, mediante um juízo conglobante do fato e da periculosidade do agente" (STF, HC 197.530/PB, rel. Min. Edson Fachin, j. 10-2-2021).

ART. 18, PARÁGRAFO ÚNICO

➥ Compreensão da regra

Da mesma maneira que ocorre em relação ao art. 17, § 2º, desta Lei, um olhar menos cauteloso sobre a redação do parágrafo único do art. 18 poderia levar à conclusão no sentido de que estamos diante de figuras penais que se perfazem mediante a prática dos verbos "vender" ou "entregar", nas circunstâncias descritas no tipo, mas essa forma de pensar é errada.

Admitir que se trata de tipo penal por equiparação, realizável mediante venda ou entrega, implicaria concluir que o legislador teria desconsiderado a ideia de "flagrante preparado" a que se refere a Súmula 145 do STF, segundo a qual: "Não há crime, quando a preparação do flagrante pela polícia torna impossível a sua consumação".

Em verdade, o dispositivo sob análise revela a expressa adoção de conhecida técnica de investigação realizável com a utilização do personagem que se convencionou denominar "agente policial disfarçado", e a consumação do crime está condicionada à existência de "conduta criminal preexistente".

Isso corresponde a dizer que, havendo elementos probatórios razoáveis, dentre os quais se situam os indícios, indicativos de conduta criminal preexistente, se o agende vender ou entregar ao policial disfarçado, arma de fogo, acessório ou munição, em operação de importação, sem autorização ou em desacordo com determinação legal ou regulamentar, deverá ser preso em flagrante. Note-se, contudo, que em relação às condutas consubstanciadas nos verbos vender ou entregar persiste a figura do flagrante preparado, de modo que a imputação criminal e a prisão em flagrante decorrerão, apenas e tão somente, das condutas preexistentes listadas no *caput* do art. 18, notadamente nas modalidades importar e favorecer a entrada.

Em síntese, a Súmula 145 do STF permanece íntegra; o art. 17, parágrafo único, não autoriza ou convalida situações de flagrante preparado, e não tipifica como crime as condutas de vender ou entregar, mas apenas as condutas preexistentes, à luz do disposto em seu preceito fundamental, conforme o caso concreto revelar.

Tem relevo enfatizar, por fim, que a prisão em flagrante, em casos tais, somente estará autorizada se empiricamente demonstrada a presença de elementos probatórios razoáveis de conduta criminal preexistente, o que afasta a possibilidade de diligências aleatórias que culminem com prisão em flagrante, a que a doutrina convencionou denominar *fishing expedition*, verdadeiro acaso probatório.

"De acordo com Alexandre Morais da Rosa e Tiago Bunning Mendes, o *fishing expedition* ou a 'pescaria probatória' constitui um meio de 'investigação especulativa indiscriminada, sem objetivo certo ou declarado que, de forma ampla e genérica, 'lança' suas redes com esperança de 'pescar' qualquer prova para subsidiar uma futura acusação ou para tentar justificar uma investigação/ação já iniciada' (ROSA, Alexandre Morais da; MENDES, Tiago Bunning. ***Limites para evitar o** fishing expedition*: análise da decisão do Min. Celso de Mello no Inq. 4.831/DF. Canal Ciências Criminais. Disponível em: fishing-expedition-analise-da-decisao/>). Na doutrina alemã, Bernd Schumann denomina esse fenômeno 'efeito hidra', que é caracterizado pela consistente busca, permanentemente ampliada, estendida e, portanto, invasiva, de elementos de prova relativos a fatos que se desconhece, para além dos regulares limites da investigação (ROSA, Alexandre Morais da; MENDES, Tiago Bunning. ***Limites para evitar o fishing expedition:*** análise da decisão do Min. Celso de Mello no Inq. 4.831/DF. Canal Ciências Criminais. Disponível em: fishing-expedition-analise-da-decisao/>). O STF tem rechaçado esse exercício ilegítimo dos instrumentos de persecução, embora nem sempre se utilize dessa nomenclatura consagrada na experiência anglo-saxã. Destaca-se, por exemplo: a) a proibição da quebra de sigilo telefônico com base em listagem genérica, sem a discriminação de pessoa individualizada que seja considerada como investigada (STF, Inq-AgR 2.245/MG, rel. Min. Joaquim Barbosa, *DJe* 9-11-2007); b) a ilicitude de provas obtidas através do cumprimento de mandado de busca e apreensão 'estendido', em endereço que não constava do mandado e nem da decisão (STF, HC 106.566/SP, rel. Min. Gilmar Mendes, 2ª T., j. 16-12-2014). Destaquei a ilegalidade dessas medidas no julgamento dos *Habeas Corpus* 144.159 e 163.641, ao assentar que: 'O controle judicial prévio para autorizar a busca e apreensão é essencial com a finalidade de se verificar a existência de justa causa, de modo a se evitar *fishing expeditions* (investigações genéricas para buscar elementos incriminatórios aleatoriamente, sem qualquer embasamento prévio)'. Portanto, deve-se ter cuidado para se diferenciar o encontro fortuito de provas da busca expansiva e dissimulada de elementos incriminatórios, de modo a se impedir que as investigações invadam a esfera de competência de outros Juízos ou Tribunais, o que viola a garantia do Juiz Natural (art. 5º, LIII), além de possibilitar o adequado exercício do direito de defesa, evitando-se a indevida violação à intimidade e à vida privada (art. 5º, X, da CF/88) ou a submissão dos acusados a um processo circular ou estado de permanente investigação" (STF, Rcl 42.389/SP, rel. Min. Gilmar Mendes, j. 28-8-2020, *DJe*-224, de 10-9-2020).

➥ Doutrina

RENATO BRASILEIRO DE LIMA, *Legislação criminal especial comentada*, 9. ed., Salvador, JusPodivm, 2021, p. 475; THALES TÁCITO PONTES LUZ DE PÁDUA CERQUEIRA, Lei 10.826/2003 — questões polêmicas, in *Reforma criminal*, São Paulo, Revista dos Tribunais, 2004, p. 446 a 453; JOSÉ DAMIÃO PINHEIRO MACHADO COGAN, Da inconstitucionalidade em se negar liberdade provisória, com ou sem fiança, ao infrator do "Estatuto do Desarmamento", *RT* 822/423; VINICIUS DE TOLEDO PIZA PELUSO, Munição e acessórios: uma desproporção explosiva, *RT* 837/398; MOACIR MARTINI DE ARAÚJO, Breves considerações sobre a competência para a apuração dos crimes do Estatuto do Desarmamento, *Boletim IBCCrim*, n. 142, p. 9; FERNANDO VERNICE DOS ANJOS, O princípio da proporcionalidade e a proibição da liberdade provisória no Estatuto do Desarmamento, *Boletim IBCCrim*, n. 151, p. 15; FRANCISCO DIAS TEIXEIRA, Competência para julgar os crimes relacionados a arma de fogo, *Revista Brasileira de Ciências Criminais*, ano 5, n. 20, p. 95, out./dez. 1997; ANDRÉ GUILHERME TAVARES DE FREITAS, A restituição do instrumento do crime e o Estatuto do Desarmamento — Lei n. 10.826/2003, *Revista Síntese de Direito Penal e Processual Penal*, n. 26, p. 41.

Causas de Aumento de Pena

Art. 19. *Nos crimes previstos nos arts. 17 e 18, a pena é aumentada da metade se a arma de fogo, acessório ou munição forem de uso proibido ou restrito.*

➥ Natureza da norma

O art. 19 da Lei n. 10.826/2003 trata de causa de aumento de pena.

Cuidando da diferença que há entre causa de aumento de pena e qualificadoras, ensinou Damásio E. de Jesus: "Quando a norma penal prevê uma causa de aumento de pena na descrição dos crimes, não menciona expressamente o mínimo e o máximo: diz que a pena é aumentada, de um a dois terços, de um sexto até metade, de um terço, de metade, o dobro etc. Quando, porém, se trata de uma qualificadora propriamente dita, o Código, aumentando a pena, comina o mínimo e o máximo"[14].

➥ Alcance

A causa de aumento de pena prevista se aplica apenas em relação aos crimes tipificados nos arts. 17 (comércio ilegal de arma de fogo, acessório ou munição) e 18 (tráfico internacional de arma de fogo, acessório ou munição) do Estatuto do Desarmamento.

➥ Produtos controlados de uso permitido

O glossário constante do Anexo III do Decreto n. 10.030/2019 define PEC (Produto Controlado pelo Exército) de uso permitido como produto controlado listado nominalmente na legislação como PCE cujo acesso e utilização podem ser autorizados para as pessoas em geral, observada a classificação elaborada pelo Comando do Exército, prevista nos decretos regulamentadores da Lei n. 10.826/2003.

Nos precisos termos do § 3º do art. 15 do Anexo I do Decreto n. 10.030/2019, são produtos controlados de uso permitido os PCE (Produtos Controlados pelo Exército) não relacionados em seus §§ 1º e 2º.

➥ Arma de fogo

No glossário constante do Anexo III do Decreto n. 10.030/2019 encontramos a seguinte definição para arma de fogo: "Arma que arremessa projéteis empregando a força expansiva dos gases, gerados pela combustão de um propelente confinado em uma câmara, normalmente solidária a um cano, que tem a função de dar continuidade à combustão do propelente, além de direção e estabilidade ao projétil".

Somente arma de fogo em sentido próprio é que se presta à configuração do crime. Arma imprópria, jamais.

---

14 Damásio E. de Jesus, *Código Penal anotado*, 13. ed., São Paulo, Saraiva, 2002, p. 244.

↪ Arma de fogo de uso proibido

São armas de fogo de uso proibido: a) as armas de fogo classificadas como de uso proibido em acordos ou tratados internacionais dos quais a República Federativa do Brasil seja signatária; e b) as armas de fogo dissimuladas, com aparência de objetos inofensivos (art. 3º, parágrafo único, III, do Anexo I do Decreto n. 10.030/2019).

↪ Arma de fogo de uso restrito

O art. 15, § 2º, I, do Anexo I do Decreto n. 10.030/2019, diz que as armas de fogo de uso restrito são produtos de uso restrito, para os fins da Lei n. 10.826/2003.

Em precisos termos, o art. 3º, parágrafo único, II, do Anexo I, do Decreto n. 10.030/2019, define como arma de fogo de uso restrito as armas de fogo automáticas, de qualquer tipo ou calibre, semiautomáticas ou de repetição que sejam: a) não portáteis; b) de porte, cujo calibre nominal, com a utilização de munição comum, atinja, na saída do cano de prova, energia cinética superior a mil e duzentas libras-pé ou mil seiscentos e vinte joules; ou c) portáteis de alma raiada, cujo calibre nominal, com a utilização de munição comum, atinja, na saída do cano de prova, energia cinética superior a mil e duzentas libras-pé ou mil seiscentos e vinte joules.

↪ Arma de fogo obsoleta

O glossário constante do Anexo III do Decreto n. 10.030/2019 define arma de fogo obsoleta como arma de fogo que não se presta ao uso regular, devido à sua munição e aos elementos de munição não serem mais fabricados, por ser ela própria de fabricação muito antiga ou de modelo muito antigo e fora de uso, e que, pela sua obsolescência, presta-se a ser considerada relíquia ou a constituir peça de coleção.

↪ Acessório de arma de fogo

O glossário constante do Anexo III do Decreto n. 10.030/2019 considera acessório de arma de fogo os artefatos listados nominalmente na legislação como Produto Controlado pelo Exército — PCE que, acoplados a uma arma, possibilitam a alteração da configuração normal do armamento, tal como um supressor de som.

↪ Acessório de uso restrito

Os acessórios de arma de fogo que tenham por objetivo: (a) suprimir ou abrandar o estampido; ou (b) modificar as condições de emprego, conforme regulamentação do Comando do Exército, são produtos controlados de uso restrito, conforme se extrai do art. 15, § 2º, II, do Anexo I do Decreto n. 10.030/2019.

↪ Munição

Considera-se munição o cartucho completo ou seus componentes, incluídos o estojo, a espoleta, a carga propulsora, o projétil e a bucha utilizados em armas de fogo.

Esta definição se encontrava no art. 2º, X, do Decreto n. 9.845/2019, que foi expressamente revogado pelo art. 2º do Decreto n. 10.628/2021, mas não encontramos óbice a que seja adotada.

Muito embora o atual art. 3º do Decreto n. 10.030/2019 forneça as definições de munição de uso restrito e de munição de uso proibido, é certo que não define munição especificamente.

➥ Munição de uso proibido

Munição de uso proibido são as munições: a) assim classificadas em acordos ou tratados internacionais dos quais a República Federativa do Brasil seja signatária; ou b) incendiárias ou químicas (art. 3º, parágrafo único, IV, do Anexo I do Decreto n. 10.030/2019).

➥ Munição de uso restrito

O art. 3º, parágrafo único, IV, do Anexo I do Decreto n. 10.030/2019, define como munição de uso restrito as munições que: a) atinjam, na saída do cano de prova de armas de fogo de porte ou de armas de fogo portáteis de alma raiada, energia cinética superior a mil e duzentas libras-pé ou mil seiscentos e vinte joules; b) sejam traçantes, perfurantes ou fumígenas; c) sejam granadas de obuseiro, de canhão, de morteiro, de mão ou de bocal; ou d) sejam rojões, foguetes, mísseis ou bombas de qualquer natureza.

➥ Doutrina

Thales Tácito Pontes Luz de Pádua Cerqueira, Lei 10.826/2003 — questões polêmicas, in *Reforma criminal*, São Paulo, Revista dos Tribunais, 2004, p. 446 a 453; Vinicius de Toledo Piza Peluso, Munição e acessórios: uma desproporção explosiva, *RT* 837/398; Renato Brasileiro de Lima, *Legislação criminal especial comentada*, 9. ed., Salvador, JusPodivm, 2021, p. 478.

***Art. 20.** Nos crimes previstos nos arts. 14, 15, 16, 17 e 18, a pena é aumentada da metade se:*

I — forem praticados por integrante dos órgãos e empresas referidas nos arts. 6º, 7º e 8º desta Lei; ou

II — o agente for reincidente específico em crimes dessa natureza.

➥ Natureza da norma

O art. 20 da Lei n. 10.826/2003 regula causa de aumento de pena.

Cuidando da diferença que há entre causa de aumento de pena e qualificadoras, ensinou Damásio E. de Jesus: "Quando a norma penal prevê uma causa de aumento de pena na descrição dos crimes, não menciona expressamente o mínimo e o máximo:

diz que a pena é aumentada, de um a dois terços, de um sexto até metade, de um terço, de metade, o dobro etc. Quando, porém, se trata de uma qualificadora propriamente dita, o Código, aumentando a pena, comina o mínimo e o máximo"[15].

➥ Alcance

As causas de aumento de pena previstas são aplicáveis em relação aos crimes tipificados nos arts. 14 (porte ilegal de arma de fogo, acessório ou munição de uso permitido), 15 (disparo de arma de fogo ou acionamento de munição), 16 (posse ou porte ilegal de arma de fogo, acessório ou munição de uso restrito ou proibido), 17 (comércio ilegal de arma de fogo, acessório ou munição) e 18 (tráfico internacional de arma de fogo, acessório ou munição) do Estatuto do Desarmamento.

➥ Duplicidade de causas de aumento

É possível que diante de caso concreto se verifique a incidência das causas de aumento de pena reguladas nos arts. 19 e 20 dessa lei. Nada impede.

Em sendo caso, caberá ao magistrado observar o disposto no parágrafo único do art. 68 do CP, segundo o qual: "No concurso de causas de aumento ou de diminuição previstas na parte especial, pode o juiz limitar-se a um só aumento ou a uma só diminuição, prevalecendo, todavia, a causa que mais aumente ou diminua".

ART. 20, INCISO I

➥ Necessidade de nexo

Para a incidência da causa de aumento de pena tipificada no inciso I do art. 20 é imprescindível que o crime tenha sido praticado no exercício da função ou em razão dela.

➥ Integrantes das Forças Armadas

Art. 6º, I, da Lei n. 10.826/2003.

➥ Polícia federal

Art. 6º, II, da Lei n. 10.826/2003 c/c o art. 144, I, da CF.

➥ Polícia rodoviária federal

Art. 6º, II, da Lei n. 10.826/2003 c/c o art. 144, II, da CF.

➥ Polícia ferroviária federal

Art. 6º, II, da Lei n. 10.826/2003 c/c o art. 144, III, da CF.

---

15 Damásio E. de Jesus, Código Penal anotado, 13. ed., São Paulo, Saraiva, 2002, p. 244.

➥ Polícias civis

Art. 6º, II, da Lei n. 10.826/2003 c/c o art. 144, IV, da CF.

➥ Policiais militares e corpos de bombeiros militares

Art. 6º, II, da Lei n. 10.826/2003 c/c o art. 144, V, da CF.

➥ Guardas municipais

Com fundamento no art. 10, § 3º, da Lei n. 9.868/99, e no art. 21, V, do RISTF, no dia 29 de junho de 2018 o Ministro Alexandre de Moraes concedeu medida cautelar na Ação Direta de Inconstitucionalidade n. 5.948/DF e determinou a suspensão da eficácia das expressões "das capitais dos Estados com mais de 500.000 (quinhentos mil) habitantes", constantes nos incisos III e IV do art. 6º da Lei n. 10.826/2003.

No dia 26 de fevereiro de 2021, por maioria de votos, o Plenário do Supremo Tribunal Federal julgou parcialmente procedentes as Ações Diretas de Inconstitucionalidade n. 5.948 e 5.538, e tornou definitiva a medida cautelar deferida pelo relator, Ministro Alexandre de Moraes na ADI n. 5.948/DF.

Esta decisão autoriza que todos os integrantes de guardas municipais do país tenham direito ao porte de arma de fogo, independentemente do tamanho da população do Município, de modo a afastar as restrições anteriormente determinadas pelo art. 6º, II e IV, do Estatuto do Desarmamento.

➥ Agentes operacionais da Agência Brasileira de Inteligência

Art. 6º, V, da Lei n. 10.826/2003.

➥ Agentes do Departamento de Segurança do Gabinete de Segurança Institucional da Presidência da República

Art. 6º, V, da Lei n. 10.826/2003.

➥ Polícia da Câmara dos Deputados

Art. 6º, VI, da Lei n. 10.826/2003.

➥ Polícia do Senado Federal

Art. 6º, VI, da Lei n. 10.826/2003.

➥ Integrantes do quadro efetivo dos agentes e guardas prisionais

Art. 6º, VII, da Lei n. 10.826/2003.

➥ Integrantes das escoltas de presos

Art. 6º, VII, da Lei n. 10.826/2003.

Guardas portuárias

Art. 6º, VII, da Lei n. 10.826/2003.

Integrantes de empresas de segurança privada e de transporte de valores

Art. 6º, VIII, da Lei n. 10.826/2003, observadas as regras do art. 7º, §§ 1º a 3º, do mesmo Estatuto.

Integrantes de entidades de desporto legalmente constituídas, cujas atividades desportivas demandem o uso de armas de fogo

Art. 6º, IX, da Lei n. 10.826/2003.

Integrantes das Carreiras de Auditoria da Receita Federal do Brasil e de Auditoria-Fiscal do Trabalho, cargos de Auditor-Fiscal e Analista Tributário

Art. 6º, X, da Lei n. 10.826/2003.

Empregados de empresas de segurança privada ou de transporte de valores

Art. 7º da Lei n. 10.826/2003.

Entidades desportivas legalmente constituídas

Art. 8º da Lei n. 10.826/2003.

Art. 20, inciso II

Porte de arma qualificado pela reincidência

Em sua redação original o Estatuto do Desarmamento não contemplou o tipo penal de porte ilegal de arma de fogo agravado pela reincidência, ao contrário do que ocorreu na vigência da Lei n. 9.437/97 (art. 10, § 3º, IV). Ocorreu *novatio legis in mellius* (*lex mitior*).

A Lei n. 13.964/2019 deu nova redação ao art. 20 da Lei n. 10.826/2003, para dizer em seu atual inciso II que, nos crimes tipificados nos arts. 14, 15, 16, 17 e 18, a pena é aumentada de metade se o agente for reincidente específico em crimes dessa natureza.

Por expressa disposição legal, apenas a reincidência específica autoriza a incidência da majorante em testilha.

A nova regra é mais severa — configura *novatio legis em pejus* — e, portanto, à luz do disposto no art. 5º, XL, da CF, não retroage; não incide sobre crimes praticados antes do início de sua vigência.

Doutrina

Damásio E. de Jesus, Crime de porte de arma de fogo ou correlato cometido por integrante de órgão público ou entidade privada. Disponível em: http://jus2.uol.com.br/doutrina/texto.asp?id=5156; Vinicius de Toledo Piza Peluso, Munição e acessórios: uma desproporção explosiva, *RT* 837/398; Luiz Fernando Vaggione, Porte de arma de fogo particular por membros das Forças Armadas e por policiais. Disponível em: http://jus2.uol.com.br/doutrina/texto.asp?id=5351; André Luís Marinho Sampaio, O porte de arma dos policiais militares. Disponível em: http://jus2.uol.com.br/doutrina/texto.asp?id=7477, Guilherme de Souza Nucci, *Leis penais e processuais penais comentadas*, 13. ed., Rio de Janeiro, Forense, v. 2, 2020, p. 58; Eduardo Cabette e Francisco Sannini, *Tratado de legislação especial criminal*, 5. ed. São Paulo, Mizuno, 2021, p. 142; Renato Brasileiro de Lima, *Legislação criminal especial comentada*, 9. ed., Salvador, JusPodivm, 2021, p. 479.

Liberdade Provisória

Art. 21. *Os crimes previstos nos arts. 16, 17 e 18 são insuscetíveis de liberdade provisória.*

➥ Revogação do art. 21

A Lei n. 11.464/2007deu nova redação ao art. 2º da Lei n. 8.072/90 (Lei dos Crimes Hediondos), e retirou a regra antes expressa no inciso II do art. 2º, que proibia a concessão de liberdade provisória a investigado ou réu preso sob a imputação de ter praticado crime hediondo, tortura, tráfico ilícito de entorpecentes e drogas afins e terrorismo.

Desde então, mesmo em se tratando da prática de crime hediondo ou assemelhado, não subsiste qualquer vedação expressa à liberdade provisória, cuja viabilidade deverá ser analisada em cada caso concreto.

Muito embora a mudança introduzida pelo art. 1º da Lei n. 11.464/2007, refira-se expressamente ao art. 2º da Lei n. 8.072/90 (Lei dos Crimes Hediondos), sem qualquer alusão ao art. 21 da Lei n. 10.826/2003, a revogação tácita deste dispositivo é irrecusável.

Seguindo a melhor doutrina e abalizada orientação jurisprudencial, ficou clara a intenção do legislador, a *voluntas legis*, no sentido de não mais estabelecer vedação antecipada e genérica à concessão de liberdade provisória.

➥ Inconstitucionalidade do art. 21

A discussão que se estabeleceu a respeito da proibição genérica de liberdade provisória, decorrente do art. 21 do Estatuto do Desarmamento, fez surgir corrente doutrinária e jurisprudencial apontando para a inconstitucionalidade do referido dispositivo, contrapondo-se à outra vertente, que sustentava a constitucionalidade da proibição.

Cuidando da matéria, o Plenário do Supremo Tribunal Federal declarou inconstitucional a vedação à liberdade provisória expressa no art. 21 da Lei n. 10.826/2003, conforme ementa que segue transcrita em parte:

"Relativamente aos parágrafos únicos dos artigos 14 e 15 da Lei 10.868/2003, que proíbem o estabelecimento de fiança, respectivamente, para os crimes de porte ilegal de arma de fogo de uso permitido e de disparo de arma de fogo, considerou-se desarrazoada a vedação, ao fundamento de que tais delitos não poderiam ser equiparados a terrorismo, prática de tortura, tráfico ilícito de entorpecentes ou crimes hediondos (CF, art. 5º, XLIII). Asseverou-se, ademais, cuidar-se, na verdade, de crimes de mera conduta que, embora impliquem redução no nível de segurança coletiva, não podem ser igualados aos crimes que acarretam lesão ou ameaça de lesão à vida ou à propriedade. Quanto ao art. 21 da lei impugnada, que prevê serem insuscetíveis de liberdade provisória os delitos capitulados nos artigos 16 (posse ou porte ilegal de arma de fogo de uso restrito), 17 (comércio ilegal de arma de fogo) e 18 (tráfico internacional de arma de fogo), entendeu-se haver afronta aos princípios constitucionais da presunção de inocência e do devido processo legal (CF, art. 5º, LVII e LXI). Ressaltou-se, no ponto, que, não obstante a interdição à liberdade provisória tenha sido estabelecida para crimes de suma gravidade, liberando-se a franquia para os demais delitos, a Constituição não permite a prisão *ex lege*, sem motivação, a qual viola, ainda, os princípios da ampla defesa e do contraditório (CF, art. 5º, LV). Vencidos, parcialmente, os Ministros Carlos Britto, Gilmar Mendes e Sepúlveda Pertence, que julgavam improcedente o pedido formulado quanto aos parágrafos únicos dos artigos 14 e 15, e o Min. Marco Aurélio, que o julgava improcedente quanto ao parágrafo único do art. 15 e, em relação ao art. 21, apenas quanto à referência ao art. 16. O Tribunal, por unanimidade, julgou, ainda, improcedente o pedido quanto aos artigos 2º, X; 5º, §§ 1º, 2º e 3º; 10; 11, II; 12; 23, §§ 1º, 2º e 3º; 25, parágrafo único; 28; 29 e ao parágrafo único do art. 32, e declarou o prejuízo da ação em relação ao art. 35, todos da Lei 10.826/2003" (*Informativo STF* n. 465, de 9-5-2007, relativo a ações diretas de inconstitucionalidade relatadas pelo Ministro Ricardo Lewandowski, atinentes a dispositivos do Estatuto do Desarmamento — ADIs 3.112/DF, 3.137/DF, 3.198/DF, 3.263/DF, 3.518/DF, 3.535/DF, 3.586/DF, 3.600/DF, 3.788/DF e 3.814/DF).

➥ Liberdade provisória como gênero

Decorre da presunção de inocência ou de não culpabilidade explicitada no art. 5º, LVII, da CF, a necessidade de assegurar que alguém preso em flagrante delito possa aguardar as investigações policiais e o julgamento de eventual processo criminal em liberdade.

Sendo regra a vida livre e a contenção prisional, a exceção, somente em casos realmente extremos, excepcionais por excelência, é que se poderá admitir, validamente, que a prisão cautelar vença e se imponha.

Disso resulta a necessidade e grandiosidade do instituto denominado *liberdade provisória*, que poderá materializar-se com ou sem a prestação de fiança.

É bem verdade que o surgimento da possibilidade de liberdade provisória sem fiança, cabível em relação aos crimes inafiançáveis, criou aparente situação de injustiça, apontando para uma equação na qual, nos crimes mais leves, o agente presta fiança para aguardar em liberdade, enquanto naqueles mais graves, por isso inafiançáveis, pode aguardar em liberdade sem ter que prestar qualquer garantia real; sem desembolsar nada.

Essa situação foi em parte superada com as modificações introduzidas pela Lei n. 12.403/2011, que ampliou consideravelmente as hipóteses de cabimento de fiança, e também em face da possibilidade de liberdade provisória cumulada com a cautelar restritiva denominada fiança, disposta no art. 319, VIII, do CPP.

➥ Liberdade provisória mediante fiança

Fiança é modalidade de garantia real; espécie do gênero caução, e constitui direito subjetivo constitucionalmente assegurado.

A finalidade da fiança é permitir que alguém aguarde as investigações policiais e o curso de eventual processo criminal em liberdade, mas é certo que também se presta à garantia do pagamento das custas do processo acaso existentes; eventual indenização do dano causado com o delito, se o réu for condenado, bem como pagamento da pena de prestação pecuniária ou da pena de multa, quando impostas.

A apuração das hipóteses de cabimento de fiança impõe se estabeleça raciocínio de exclusão.

É dizer: para se chegar às hipóteses em que cabível, é preciso antes conhecer as vedações.

Onde não for vedada, será permitida a fiança, e as vedações estão expressas na legislação.

Portanto, onde não há vedação legal, admite-se fiança.

Nos precisos termos do art. 5º, XLII, XLIII e XLIV, da CF: XLII — a prática do racismo constitui crime inafiançável e imprescritível, sujeito à pena de reclusão, nos termos da lei; XLIII — a lei considerará crimes inafiançáveis e insuscetíveis de graça ou anistia a prática da tortura, o tráfico ilícito de entorpecentes e drogas afins, o terrorismo e os definidos como crimes hediondos, por eles respondendo os mandantes, os executores e os que, podendo evitá-los, se omitirem; XLIV — constitui crime inafiançável e imprescritível a ação de grupos armados, civis ou militares, contra a ordem constitucional e o Estado Democrático.

As hipóteses que não comportam fiança, segundo o CPP, estão listadas nos arts. 323 e 324.

O art. 325 do CPP diz que o valor da fiança será fixado pela autoridade que a conceder.

Que autoridade é essa a que a lei se refere?

Autoridade policial e judiciária.

Ambas poderão arbitrar fiança, *ex officio* ou em razão de provocação.

Efetuada a prisão em flagrante, após a lavratura do respectivo auto a autoridade policial que o presidiu poderá reconhecer o direito do agente à obtenção da liberdade provisória mediante fiança.

Só é possível pensar na possibilidade de arbitramento de fiança em sede de repartição policial em se tratando de prisão em flagrante.

Nesse tema, a Lei n. 12.403/2011 ampliou consideravelmente as hipóteses, pois na redação antiga do art. 322 a autoridade policial somente poderia *conceder* fiança nos casos de infração punida com detenção ou prisão simples.

Nos dias que correm, poderá *conceder* fiança nos casos de infração cuja pena privativa de liberdade máxima não seja superior a quatro anos. Entenda-se: quatro inclusive.

A partir da Lei n. 12.403/2011, a autoridade policial passou a ter atribuições para tratar de fiança nos crimes punidos com reclusão, algo que antes não ocorria.

É salutar a alteração do art. 322, visto que em relação aos delitos com pena cominada até quatro anos, em caso de condenação, poderá ocorrer imposição de penas restritivas de direitos (art. 44 do CP), não sendo razoável, tampouco proporcional, manter preso, ainda que brevemente, quem poderá, se condenado for, não ficar um único dia na prisão.

Se a autoridade policial não arbitrar a fiança quando cabível, caberá ao juiz competente estabelecê-la, conforme decorre do art. 5º, LXVI, da CF, segundo o qual ninguém será levado à prisão ou nela mantido, quando a lei admitir a liberdade provisória, com ou sem fiança.

Também caberá ao juiz a fixação da fiança naqueles casos que extrapolam a alçada da autoridade policial — pena cominada superior a quatro anos.

➥ Liberdade provisória sem fiança

Decorre do princípio da presunção de inocência, albergado no art. 5º, LVII, da CF, a necessidade de se estabelecer também como garantia constitucional que ninguém será levado à prisão ou nela mantido, quando a lei admitir a liberdade provisória, com ou sem fiança, conforme se vê no art. 5º, LXVI, da CF.

No Código de Processo Penal a regra matriz da liberdade provisória sem fiança está no art. 321, que diz: "Ausentes os requisitos que autorizam a decretação da prisão preventiva, o juiz deverá conceder liberdade provisória, impondo, se for o caso, as medidas cautelares previstas no art. 319 deste Código e observados os critérios constantes do art. 282 deste Código".

A liberdade provisória é uma contracautela cabível após prisão em flagrante revestida de legalidade, que tem por objetivo restituir à vida livre aquele contra quem não se faz justificada a decretação de prisão preventiva. É medida cautelar de natureza jurisdicional, liberatória ou permissiva, que tem por escopo a liberdade física de quem fora legalmente preso em flagrante delito.

Nesses termos, conforme concebida, em sua forma básica e original, a fruição da liberdade provisória não está condicionada ou vinculada à satisfação de qualquer obrigação (nem mesmo de comparecimento aos atos do processo), mas eventualmente *poderá* o juiz, se entender cabível, no ato de concessão impor uma ou mais dentre as medidas cautelares diversas da prisão alinhadas nos arts. 319 e 320, observados os critérios do art. 282, todos do CPP.

Somente o magistrado competente é que pode/deve conceder liberdade provisória sem fiança, inclusive *ex officio*.

Após a prisão em flagrante e sua formal comunicação, em sede de audiência de apresentação/custódia o juiz deverá relaxar a prisão, conceder liberdade provisória ou decretar a prisão preventiva (CPP, art. 310), e o juiz somente negará liberdade provisória quando entender ser caso de prisão preventiva, que então deverá decretar, contudo, jamais *ex officio*.

Depois de decretada, o juiz poderá revogar a prisão preventiva se, no curso da persecução penal, verificar a falta de motivo para que subsista, tal como dispõe o art. 316, *caput*, primeira parte, do CPP. Nesse caso, concederá liberdade provisória nos moldes do art. 321 do *Codex*.

➥ Doutrina

Renato Marcão, *Curso de processo penal*, 7. ed., São Paulo, Saraiva, 2021, e *Código de processo penal comentado*, São Paulo, Saraiva, 2016; Thales Tácito Pontes Luz de Pádua Cerqueira, Lei 10.826/2003 — questões polêmicas, in *Reforma criminal*, São Paulo, Revista dos Tribunais, 2004, p. 446 a 453; José Damião Pinheiro Machado Cogan, Da inconstitucionalidade em se negar liberdade provisória, com ou sem fiança, ao infrator do "Estatuto do Desarmamento", *RT* 822/423; Fernando Vernice dos Anjos, O princípio da proporcionalidade e a proibição da liberdade provisória no Estatuto do Desarmamento, *Boletim IBCCrim*, n. 151, p. 15; Roberto Delmanto, Roberto Delmanto Junior e Fabio M. de Almeida Delmanto, *Leis penais especiais comentadas*, 3. ed., São Paulo, Saraiva, 2018, p. 829; Guilherme de Souza Nucci, *Leis penais e processuais penais comentadas*, 13. ed., Rio de Janeiro, Forense, v. 2, 2020, p. 59; Eduardo Cabette e Francisco Sannini, *Tratado de legislação especial criminal*, 2. ed. São Paulo, Mizuno, 2021, p. 142; Renato Brasileiro de Lima, *Legislação criminal especial comentada*, 9. ed., Salvador, JusPodivm, 2021, p. 480.